ラボっ子 旅に出る。

—異文化をめぐる50年、そしていま—

神山典士
Koyama Norio

冨山房インターナショナル

「ラボっ子」とは、株式会社ラボ教育センターが主催する「ラボ・パーティ」に入会し活動する会員(0歳〜大学生)のニックネームです。「江戸っ子」のように、幼少時だけでなく大人になってもOB・OGになっても使われています。

カバー装画・章扉絵／茶畑和也
ブックデザイン／タカハシデザイン室
編集・ディレクション／小泉カツミ

こんな光景見たことない!(ユタ州)

ラボっ子
海を渡る。

ひまわり畑でホストと一緒。地平線が見えない!(カンザス州)

上手にできました。Let's eat!!(オクラホマ州)

獲物はこれから! お腹ペコペコ
(メリーランド州)

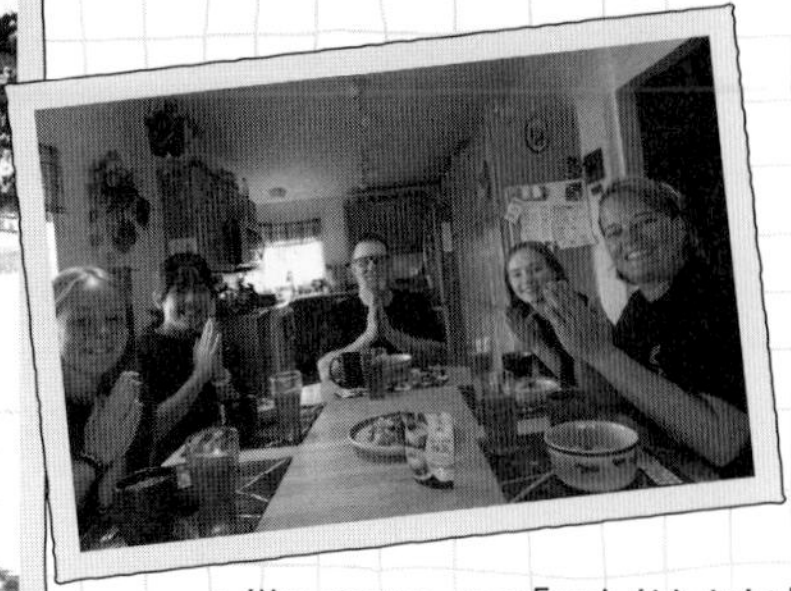

お揃いのTシャツで「いただきます!」
(オレゴン州)

やんちゃなモンキーズ!(アイダホ州)

3つの笑顔
(モンタナ州)

大型ハンモックでお昼寝タイム
(オハイオ州)

ラボ高校留学で演劇にも参加（ユタ州）

アメフトの試合観戦（ケンタッキー州）

可愛いラマとパチリ！（モンタナ州）

漢字を書きたい子に手ほどきを（サウスダコタ州）

仲良し3人組（フロリダ州）

念願の浴衣で七夕祭り（東京都阿佐谷）

チェスで真剣勝負（神奈川県）

上手に描けました!（ケンタッキー州）

浴衣でジャーンプ!!（コロラド州）

ラボっ子 旅に出る。——異文化をめぐる50年、そしていま——◉目次

はじめに　コロナ禍を乗り越える 18
困難を乗り越える子どもたち
半世紀続く国際交流
異年齢の仲間たちからの励まし
テューター、異年齢集団、ラボ・ライブラリー、テーマ活動、キャンプ

第1章　旅立ちの前夜 33
さまざまな参加動機～親子二世代の交流体験、
受験を乗り越えて、未来の自分探し

1●出発前日のホテルにて 34
高校生中心の約１８０人の参加者
半世紀の変化
異文化体験の不変の価値

ここでもテーマ活動が
2●10代の瑞々しい感受性とともに 42
小柄な中学生リーダー
中学と高校時代、二度の国際交流体験
3●自分の未来を決める前に国際交流へ 48
事前活動をしっかりやりなさい
英語よりもコミュニケーション
受験の前に、自分と向き合う時間をもってほしい

第2章 「ラボ・パーティ」誕生の秘密 57

ラボ教育センターとラボ・ライブラリー、
テーマ活動、テューターを生み出した時代の要請と子どもたちの力
1●ラボ教育センターの誕生とテューターの登場 58
5歳から英語を始めましょう
オリンピックと万国博、国際化の時代
生活の中の国際化

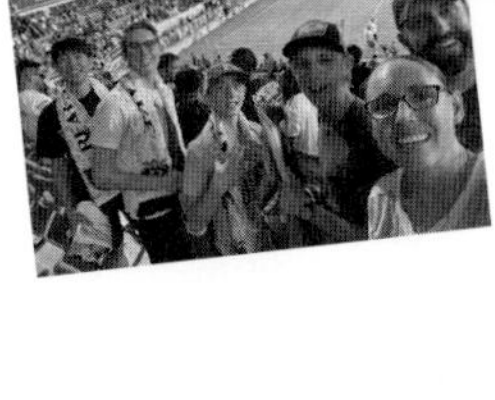

テューターの条件〜女性、英文科卒、電話
就職難、寿退社
学びの場が多いテューター
文法を一切教えないスタイル

2●英語―日本語、二言語の物語＝ラボ・ライブラリーの誕生 67
家庭での英語の学びが大切
英語だけか、日本語もいれるか？
演者のキャスティングと膨大な労力
四代五代を貫徹するライブラリー

3●子どもたちとラボ・ライブラリーの出会い 75
物語を飢えるように聴きたがる子どもたち
物語を丸ごと覚える子
物語は面白いから聴いたんだ
少し首をかしげて集まった
テューターも保護者も「辛かった」
真夜中のラボルームで

4●シンプル化していくテーマ活動 83
お絵描き、衣装、小道具
大人や大学生も巻き込むテーマ活動

第3章 「ひとりだちへの旅」で鍛えられる 95

10代の自立を求める旅を生み出した異文化の魅力

1●もうひとつの夜明けをめざして 96
「ラボ号、アメリカへ！」
国際交流のアイデアは
4Hクラブ
なぜ敵国の子どもを——
無実の人々を殺すことに誇りを持つべき？
2●人間教育をめざすラボ・メソッド 106
「ラボランドくろひめ」誕生
ラボ誕生時からキャンプ活動を
来年はラボっ子がアメリカへ行く

3●国際交流半世紀の足跡 114
子どもたちの安全を最優先に
安全対策ガイドライン
ホストファミリー集めの苦悩
13歳の夏の思い出
今後も「ひとりだちへの旅」を続けるために

第4章 英語力と社会力を獲得する

英語力と社会力を獲得する 123
10代の感受性の豊穣さ～言語的協働作業、生き抜く力、多様性を支える想像力
1●英語を自分のものにするために 125
伝えようとする気持ちは伝わったはず
社会言語学
ホームステイ中のコミュニケーション
ホームステイの環境が大切
英語は自分のことを話す言葉
言語学の泰斗（たいと・その道の偉大なる人）鈴木孝夫先生の言葉

2●生きていく力=社会力を獲得する 143
社会力=生きていく力
ラボと出会った驚き
OB・OGたちの中に息づくラボ
ラボで育つ8つの能力
1――社会力
2――人間認識能力
3――異質許容能力
4――状況適応能力
5――英語運用能力
6――他者協働能力
7――社会貢献能力
8――意見表明能力
3●ラボっ子が現在進行形で身につけている社会力 157
「ラボの魅力」を作文に書いてみた

第5章　旅の記録2023

ハカをした、悩んだ、明るく話しかけた、自信が崩れた、全てを振り切って立ち直った　165

1●現地の子が「キウイボーイ（ニュージーランドの子）」と認めてくれた
——異文化や子どもたち同士の交流　166
いろいろチャレンジすることを目標に
名前を覚えて、一緒にランチを食べる
ランチタイムはNZの子と一緒に過ごす
「大好き」を流行らせる

2●またアメリカに行きたくなった——正直に自分を表現していいんだ　178
あなたは嘘をついていますか？
1年間留学に行きたい
誕生日のケーキも振り切って

3●オレゴン国際キャンプ最高!!——目標をつくって積極的に話しかけた　187
不安で一杯の旅立ち
自分からどんどん積極的に話しかけると目標をたてた

着物を着付けてあげた
違うグループの子とも仲よくなった
大自然に包まれた素敵なプログラム
4●英語は得意だから自信があったのに……——コミュニケーションの大切さ 197
ホストと出会った瞬間に目の前がまっ暗に
異文化を体験したことで

第6章 OB・OGたちの足跡といま 211

我が子にも見せたい「麦畑の地平線」、夢は変わっていい、
世界は物語で溢れている、全てのルーツはラボ活動に
1●懐かしき10代の「あの夏の体験」、そして今 212
英語に関わる仕事に興味を持った
夢は変わっていい、夢は学びのチャンスをくれる
～ラボが与えてくれた「ことばの力」
「ラボ屋」の息子として
人と人をつなぐ仕事がしたい

ミッションは日本を好きになってもらうこと
世界は学びに満ちている
異年齢の大家族で生きてきた
世界での異文化体験
コミュニケーションの基礎は小学校4年生の体験だった
入社早々海外担当に
コミュニケーションの達人
パパ、その発音違うよ
非日常空間を自分でつくりたい
非日常体験のルーツはラボ活動
常にお姉ちゃんの後をついていた
テーマ活動は絵が浮かぶ
コーチ会議時代の経験も役立つ
英語は自分の武器だと思った
二度の国際交流体験がベースになる
アメリカの大学院でMBAを取得してさらに武器を磨く

2●10代の「あの夏直後」の感想文 248
1980年の感想文～「ことばの宇宙」、「ラボの世界」より

1990年の感想文
4Hクラブメンバーを1カ月受け入れて
1年間留学生の声
「良き兄貴分になりたい」〜カレッジ・スタッフの声
2000年の感想文

おわりに

国際交流半世紀の歴史の重み 265
14歳の少年に励まされて、旅は一生の宝物
帰国報告パーティ合宿
年長者の働きぶりを真似て
とれたての国際交流の報告が
歴代の参加者たち
未来の宝になる体験

はじめに　コロナ禍を乗り越える

・困難を乗り越える子どもたち

２０２０年の春。私のもとに一人の中学生のラボっ子（ラボ・パーティの会員）の文章が届きました。それはこの年の夏に「ひとりきり」で異文化に飛び込み、１カ月のホームステイを体験する「国際交流＝ひとりだちへの旅」に参加する予定だった、島根県に住むキラリちゃんが書いた文章でした。そこには、新型コロナウイルスの感染拡大でこの年の交流活動が中止になった無念さが綴られています。

と同時にそれだけではなく、世界を揺るがす大きな「困難」に出会ったことで、逆に「他者への共感や感謝」に目覚め、自分自身でそれを乗り越えて生き抜こうとする「逞しさ」も表現されている、力強い文章でした。そこにはこう綴られています。

「海の向こうへ」

「ラボ国際交流のホームステイが中止になった――」

4月1日、母は私をだきしめ、泣きながらこう伝えました。私は涙があふれてきました。悲しいだけではおさまらない。絶望的な気持ちになりました。10年以上前から決まっていたホームステイ。私の憧れと目標が一気に奪われてしまいました。

今年の夏、私は一人でアメリカへホームステイにいくはずでした。

私が小学校4年生の時、兄がアメリカへホームステイにいきました。1カ月間、アメリカで過ごした兄は、もう一つの家族ができました。4年たったいまでもその家族は大切な存在で兄を支えています。兄はアメリカで多くの違いを感じました。言語はもちろん、自分よりはるかに自立しているアメリカの子どもたち。義務教育ではないため（原文ママ）、学校にいかずに家庭で教育を受けている子どもがいることなど、さまざまな違いに驚いたそうです。違いを受け入れ、その違いを知ることで新たな発見ができたこと。そして自分の違いも受け入れてもらえたことで、家族になれたと教えてくれました。兄の経験から、もう一つの家族をつくることは、私の憧れになり、私の大きな目標になりました。

ホームステイが近づき、準備が始まりました。日本の昔話『ももたろう』を英語で素語り（一人で物語を語りきること）ができるようにしました。おにぎりやお好み焼きをつくってあげたいと思って、練習しました。日本のことをたくさん紹介したいと思いました。準備が進むにつれ「世界に向かっているんだ」「目標に近づいているんだ」という実感がわいてきました。

そんな中、状況が変わってきました。新型コロナウイルスの影響で、日本でもアメリカでも多くの感染者、死者が出てきました。私はそれでも、アメリカに行きたいという気持ちが強くありました。行けると信じていました。しかし、「アメリカへ行くのはやめよう」と思った母の一言がありました。

「アメリカ、行かれんかも。アメリカに行ってウイルスをもらって帰ったら、お父さんとおばあちゃんは死んじゃう」

私はその時、「死」という言葉の重みを感じました。父と祖母には持病があります。私がアメリカに行くことで、父と祖母が死んでしまうなんて、絶対にいやだと思いました。そんなことを考えた翌日、ホームステイ中止の知らせが届きました。やめようと決めたものの、中止の知らせは、全てを一瞬で奪い、何もなくなってしまった辛い知らせでした。

「ホームステイ先の家族ともう一つの家族になって帰ってくること」

それは私の憧れでした。もう一つの家族を私もつくりたかったのです。(中略)

でも、アメリカへ行くことができなくなったことで、学んだことがあります。

それは、大切な人の命を守るために、我慢しなければいけないことがあるということ。

自分のことを心配してくれ、支えてくれる人がいるということ。

そして新たに挑戦することができたことにより、自分の視野を広げることができるようになったことです。

新たに決まったホームステイの日まで。兄のように色々な違いをみつけ、その違いを受け入れられる人に成長したいです。だから、私は待ちます。あきらめずに、新しい成長した自分で、世界を見ることのできる日を――。

・半世紀続く国際交流

キラリちゃんが参加することになっていた国際交流活動は、青少年の教育を行っているラボ教育センターと一般財団法人ラボ国際交流センターが企画運営し、1972年に誕生してすでに半世紀以上の歴史を持っています。

そもそもこの活動は、日本とアメリカ合衆国の両国の子どもたちの双方向交流として生まれたものです。その後、年を追って8カ国の子どもたち（団体）との交流に広がり、現在はアメリカ合衆国の他にカナダ、韓国、中国、ニュージーランドとの交流が続いています（アメリカ合衆国内ではオレゴン国際キャンプもあります）。

今回のコロナだけでなく、その半世紀の歴史にはこの活動を脅かすさまざまな「事件や出来事」がありました。多国籍軍の突然のイラク攻撃によって世界が震えた91年の湾岸戦争。2001年9月11日、ニューヨーク等で起こった同時多発テロ。日本列島が大きく揺れた2011年の東日本大震災等々。経済面では80年代のアメリカ経済の疲弊、同時期の日本経済のバブル化とその崩壊。そして2008年のリーマンショック、その前後に始まったアメリカの貧富の差の拡大や日本経済の地盤沈下等々。

この交流活動は、こうした激動の世界情勢の変化を関係者の努力と参加する子どもたちの熱意で乗り越えて、この半世紀の間続いてきました。コロナ前までは毎年700人から1000人前後、延べ約6万人の参加者を数えています。今日まで決定的な事故もなく活動を続けてこられたのは、ある意味で奇跡的なことでした。

一方、キラリちゃんの文章に見るように、この交流は10代の子どもたちにとって大きな夢であり続けています。ラボっ子（と保護者）の多くはラボ・パーティに加入した日から（早い子は誕生直後から）、10代半ばでのこの交流への参加をめざして準備を始めます。参加費の積み立て制度もあります。参加が決まれば事前活動は約1年前から始まり、周到な準備が行われます。各パーティや支部では毎年「帰国報告会」が開かれ、そこで先輩たちの「楽しかった」「こんなことをやってきた」という言葉を聞いて、「大きくなったら私も国際交流にいきたい」という気持ちを募らせる子どもたち。

筆者である私自身、いまから約半世紀前の1974年（第三回交流）、14歳でこの交流を経験しています。

――真夏の1カ月間、ぼくはアメリカ合衆国中部にあるネブラスカ州の「人間よりも牛の方が遥かに多い」田舎町で、同年齢のホスト（ホストファミリーの子ども）と両親と共に濃密な時間を過ごしてきました。

帰国直後に中学校の同級生に向けて書いた作文が残っています。今では私の宝物になっているこの作文は、本書の最後にご紹介しましょう。また当時の交流活動の様子は、93年発刊「ひとりだちへの旅」（ラボ教育センター）もご参照ください。

・異年齢の仲間たちからの励まし

ところが2020年から21年にかけて、大きな出来事がありました。キラリちゃんの文章にもあるように、2020年に世界を襲った新型コロナウイルスの猛威は、子どもたちが何年も前から温めてきた大きな「夢」をも奪ってしまったのです。2020年と21年の参加予定者の悲しみは、想像を絶するものがあります。

10代の1年は、大人の1年とは違います。受験、クラブ活動、進学等の理由で「今年を逃したら来年行けるのか？　行くとしたら何を犠牲にしないといけないのか？」と、厳しい選択に迫られた子どもと保護者もいたはずです。

そのこともあってか、キラリちゃんの文章を送ってくれたテューター（ラボ・パーティの指導者）からの便りには、手作りのメッセージ動画も添えられていました。そこにはこうありました。

「2020LABO国際交流中止。チャレンジできなかった夏。会いたかったホストファミリー。感じたかった初めての国。だれにもぶつけることができない悔しい思いをほぐしてくれるのは、やわらかい家族と仲間たち。ぼくたちは今日もここにいるよ」

このテロップが流れたあと、動画ではパーティの年下の子どもたち（幼稚園児や小学校低学年児）が、国際交流中止で涙しているキラリちゃんと、もう一人この年の参加予定者だったみはるちゃんに向けたメッセージを模造紙に書いて、素晴らしい笑顔と共に両手で広げてみせてくれるのです。

「いつもやさしいみはるがすてき」
「きらり、いろいろなことをたのしんでね」
「この時間が二人にとって大切な時間になりますように」
「みんなを上手に誘ってまとめるみはるはすてき」
「いつもにこにこえがおで優しく教えてくれる、きらり」
「みはる、きらり、がんばれ」

キラリちゃんの文章を読み、この動画も見ながら、私は溢れる涙をとめることができませんでした。国際交流に行けないのはとてつもなく大きな悲しみだけれど、キラリちゃんは自分を支えてくれている人の命を守るためにそれを諦めようとします。そして新たな目標を持つことで、自分の成長を勝ち取ろうとする――。他者との関係性の喪失や多様な人々への想像力に欠けると言われる現代の風潮にあって、キラリちゃんの文章はまさにラボが育もうとする「他者と手を取りながら逞しく生き抜く力」に満ちあふれている。次世代への希望を感じさせる文章です。

そして、その悲しみを知っているパーティの子どもたちは、いつも優しくしてくれるお姉さんを励まそうと、感謝の気持ちを素直に言葉にしています。ラボ・パーティの大きな特徴である「異年齢集団」の魅力がここには表現されている。このメッセージと仲間たちの笑顔を見れば、キラリちゃんとみはるちゃんが温かい人間関係の中で生きていることがよくわかります。だからこそ、キラリちゃんは大きな困難の中にも未来に希望を感じているのです。

私はそのことを改めて感じながら、ここにこそラボの国際交流活動が半世紀もの間続いてきた「理由」がギュッと詰まっていると思い至りました。皮肉なことですが、国際交流が中止になったことで、私にはこの活動を支えてきた「魅力の核心」が見えてきたのです。

私はその「魅力」には大きく5つの要素があると仮説を立てました。本書では、多くのラボっ子やテューター、テューターシャペロン（国際交流の引率者）、ＯＢ・ＯＧ、事務局関係者に取材をし、古い資料にも当たりながら、その仮説を検証していきます。それはこの国際交流の半世紀を振り返ることであると同時に、次の半世紀へのエッセンスにもなると信じて――。

・テューター、異年齢集団、ラボ・ライブラリー、テーマ活動、キャンプ

さて、私が感じたラボ国際交流を半世紀支えてきた1つ目の魅力。それは「テューター」の存在です。

ラボは英語を学習する場ではありますが、学校や塾のように英語の「先生」はいません。学校や塾の先生は子どもたちの英語力に「成績」をつけて競争させるけれど、テューターは成績をつけません。「指導」もしません。あくまでも子どもたちの意見を引き出し、聞いて、それに寄り添ってアドバイスをくれる存在です。

そしてテューターは、幼児時代にラボに入会したラボっ子に対して最長で22年間（ラボの修了は大学卒業時）もの間、ずっと子どもに寄り添ってくれます。こんなに長く一人の子どもに寄り添ってくれる大人が、親以外にいるでしょうか。

かといってテューターは親でもありません。親も先生もともすれば上から目線で子どもを指導（教育）しようとするけれど、テューターは強いて言えば「ナナメの視線」で子どもたちをサポートしてくれます。

そのテューターが、子どもたちが幼いころから「中学高校生になったら国際交流に行こうね」と語り続けるのですから、子どもたちも「その気」になるのです。

そのテューターはどんな経緯で生まれ、どんな研鑽を積んで子どもたちにとってどんな存在であるのか。それは1章と2章で語っていきましょう。

2つ目の魅力は、ラボっ子が集まる「パーティ＝異年齢集団」です。

学校や塾は、年齢別に輪切りのクラスをつくりますが、ラボでは幼稚園児から大学生まで、時には10歳以上の年齢差がある異年齢クラスをつくって一緒に活動します。兄弟姉妹の少ない家族が増えましたが、ラボ活動ではお兄さんお姉さん、弟や妹が大勢います。お兄さんお姉さんは年下の子の面倒を見ることで成長し、年下の子は、先に紹介したキラリちゃんたちに贈られた動画に見るように、お兄さんお姉さんのやり方やかっこいい姿に憧れながら育っていく。先生から何かを教わるのではなく、異年齢集団の中で自分たちで鍛えあう。競争するのではなく、お互いを認め合い励まし合いながらさまざまな集団活動を展開する。

その集団の中で、国際交流体験も下の世代に伝承されます。動画の中の子どもたちは、コロナ禍を乗り越えようとするキラリちゃんたちお姉さんを見習って、「私もがんばろう」と思う。そこから「お兄さんお姉さんが経験した国際交流にいつか私も挑戦したい」という憧れの連鎖が生まれてくるのです。その姿も1章と2章で書いていきましょう。

3つ目は、ラボ活動の基点となる英語－日本語で収録された「物語＝ラボ・ライブラリー」と、4つ目はそれを身体全体で劇のように表現する「テーマ活動」です。「ラボ・ライブラリー」には日本と世界の名作物語（オリジナル作品もあります）が英語と日本語の二言語で収録され、絵本もついています。ラボっ子はこの物語を聴き、絵本から物語世界を想像し、それをパーティの仲間と（時には初対面のラボっ子同士でも）身体全体を使って表現します。これが「テーマ活動」です。この活動を繰り返すことで、ラボっ子は物語の登場人物（時に動物や昆虫、自然界の森羅万象）＝他者への関心を持ち、人間の多様性を受け入れる生き方を身につけます。物語世界に没入することで、「どんな困難があっても主人公として生き抜いていく自信を身につけた」と語るＯＢ・ＯＧもいます。

ラボっ子はテーマ活動が大好きです。パーティだけでなくキャンプでも国際交流の事前活動でも、ラボっ子が何人か集まると必ずテーマ活動が始まる――。その活動とそこで得た力が、ひとりきりで異文化に飛び込んでいく自信に繋がっているのは間違いありません。

そのライブラリーとテーマ活動の誕生の様子は2章で、そこでラボっ子が獲得する英語力については4章で、詳しく書きましょう。

5つ目は、ラボが誕生してすぐに始まったキャンプ活動です。

全国のラボっ子が春、夏、冬に集まる長野県の黒姫高原。そこに「ラボランドくろひめ」ができたのは1971年、ラボが生まれて5年目のこと。それ以前にもラボは、富士山麓の高原の小学校などを借りてキャンプを行ってきました。

――10代の子どもの成長には大自然の中で自立を促すキャンプ活動が欠かせない。そこに外国人のお友だちも招いて国際交流も始めよう。

ラボは最初からそう考えていました。世間では「何で英語教室がキャンプ場を持っているの？」と不思議だったようです。でもラボは、10代の子どもたちは外国語＝英語（あるいは韓国語、スペイン語等）を学ぶことを通して、子どものころから自立心を学ぶことが大切だ、と考えていました。

なぜならラボが誕生した当初から掲げているテーマは、

「ことばがこどもの未来をつくる」

生み出したかったのは「英語が上手な子ども」ではなく、ことばを使って逞しく生きる子どもたちの「未来」だったのですから。だからお父さんお母さんの元を離れて仲間と集団生活をするキャンプが早くから企画され、そのシンボルとして「ラボランドくろひめ」が生まれてきました。この流れは3章で書いていきましょう。

そしてこの5つの魅力を踏まえて生まれてきたのが、「10代の子どもが海を渡る国際交流活動」でした。未来を生きる主人公たちは、成長して社会に出たら地球を舞台に国境を越えて色々な国の人々と一緒に活躍してほしい。世界を平和で豊かなものにする存在になってほしい。そんな願いを込めて、ラボの事務局もテューターも、国際交流活動を「早く実現したい」と考えていたのです。それはかつてこの国にあった、若者が大人になるための儀式「元服」をイメージしたものだったといいます。それが「ひとりだちへの旅」として生まれてきたのは1972年。ラボが生まれて6年目のことでした。

覚えておいてほしいのは、この時にラボにとっては幸運な出会いがあったこと。

それは、交流団体としてアメリカ農務省管轄の「4Hクラブ」と手を組んだことです。4Hクラブはアメリカ最大の青少年教育団体であり、「Learning by Doing＝実践を通して学ぶ」、「地域のボランティア活動で青少年を支える」等の特徴を持っています。

だからこそ、ラボが望んだ「子どもたちを家庭に受け入れてもらうホームステイ活動」も、アメリカから日本に子どもたちを送り込んでもらう「双方向交流」も、実を結ぶことができたのです。この4Hクラブの存在も、この活動を半世紀支える魅力の一つです。そのことは3章で書きましょう。

そしてこれら5つの魅力が生まれた大前提として、1966年に誕生したラボ教育センターと、その後長い時間をかけて熟成してきたラボの教育プログラムのことも書いておきたいと思います。

どんな時代背景の中で、どんな思いを込めてラボは生まれてきたのか。改めて振り返ってみましょう。

※

さあ、準備は整いました。まずは2023年の参加者の取材から始めてみましょう。「ひとりきりの異文化体験」を前にした子どもたちはどんな様子なのか。どんな思いで参加を決断したのか。どんな人たちが旅立つ子どもたちをサポートしているのか。

出発前日の7月21日、成田空港近くのホテルには約180人のラボっ子が集合していました。そこで私が目撃したものは――。

ROWING TO ANOTHER DAWN

ラボっ子 旅に出る。──第1章

旅立ちの前夜

さまざまな参加動機〜親子二世代の交流体験、受験を乗り越えて、未来の自分探し

1　出発前日のホテルにて

・高校生中心の約１８０人の参加者

「みなさんのホストフレンドとなる高校生は、アメリカでは車の免許を持っていることもあります。だからステイ中もガールフレンドやボーイフレンドとドライブに出かけてしまうかもしれません。そういう時はみなさんは家族と過ごすようにしてください。ホームステイは家族単位の交流だということを忘れないで――。それから危ないことに誘われても絶対に手を出さないこと。ＮＯとはっきり言うようにしましょう」

２０２３年7月21日、出発前日の午後。成田空港近くのホテルで始まった最後のミーティングでは、ラボの事務局員から参加者に、例年とは違う注意が伝達されていました。

この国際交流活動には、例年約７００人前後、多い年には２０００人近い子どもたちが参加していました。けれど２０２３年の参加者は約４００人。新型コロナの影響もありホストファミリー数が減少して、参加人数は絞られました。２年間の中止を経て参加は高校生優先となったので、この日集まった参加者の身体は大きいし態度も落ち着いて見えます。けれど生活習慣も行動範囲も中学生と高校生では異なりますから、十分な注意と自覚が必要です。そのことを踏まえた上で、生活の注意が伝えられたのです。

近年、コロナだけでなく経済的な影響もあって、ホストファミリー探しは簡単なことではなくなっています。その中で関係者がどんな努力をしているかは、３章でさらに詳しく書いていきましょう。

・半世紀の変化

この国際交流には、半世紀の歴史の中でさまざまな面で変化がありました。例えば交流先の州も変わっています。残念ながら私が１９７４年に訪ねたネブラスカ州の名前は、交流先からなくなりました。その事情を、一般財団法人ラボ国際交流センター常務理事の間島祐介さんがこう解説してくれました。

「ネブラスカ州は交流活動に熱心だったコーディネーターが引退して、それを引き継ぐ人がいなかったので２００６年から交流が途絶えました。４Ｈクラブは組織としてこの交流活動を展開しているのですが、コーディネーター個人の情熱が活動を支えています。だから新たにコーディネーターが現れた州とは交流が始まっています」

この半世紀の間にいくつかの州とは交流が途絶え、いくつかの州では交流が復活したり新たに始まったりしています。また州によっては、４Ｈクラブとは違うグループ（ユタ州はベア・リバー・インターナショナル・エクスペリエンス、カナダのマニトバ州はマニトバ）が受け入れ団体になったところもあります。

同様に、社会状況も大きく様変わりしました。
例えば子どもたちが持っていくお小遣いも、最近では銀行の店舗によって両替に対応しない所も増えています。電子マネーが隆盛になり、両替機能の利用数が減ったからです。もちろん子どもたちは電子マネーもクレジットカードも持ちませんから、現金を両替できる店舗を探したはずです。

メールや携帯電話という便利なコミュニケーション・ツールも誕生しました。けれどこの国際交流では、「それらは使わないようにしよう」と確認されています。異文化に飛び込んで「ひとりきり」でホームステイするという本来の「意義」が半減してしまうからです。ただし新型コロナの影響が大きかった２０２２年には、帰国時のＰＣＲ検査にアプリを使うため、携帯電話が必要とされました。

また利用する空港も長い間国際空港＝成田空港でしたが、２０１０年に羽田空港に国際線ターミナルができてからは羽田を使う便も多くなり、２０２３年はほとんどの便が羽田発となっています。

・異文化体験の不変の価値

このように、「10代で異文化に飛び込んで、もう一つの家族をつくる」というこの交流活動は、さまざまな社会状況の変化の影響を受けています。世の中の通信環境や交通環境は激変していて、世界との距離も縮まりました。ネットのアプリを使えば、日本に居ながらにして異国の地をヴァーチャル経験できたりもします。

それでも変わらないものもあります。

その一つは、「Rowing to Another Dawn＝もう一つの夜明けをめざして」というこの交流のキャッチフレーズに示された、異文化体験本来のダイナミックな魅力です。あの地平線の向こうには何があるの？　ホストファミリーとの出会いの先にどんな体験が待っているの？　生活や文化の違いはどこからきているの？　等々、これまで体験したことのない「異文化」の魅力は、実際に海を渡って自分の身体で確かめないと決して感じることはできません。異国の風。匂い。ホストマザーとのハグの感触。同世代のホストフレンドとの生き方や考え方のちがい等々。ヴァーチャルでは決して味わうことのできない「醍醐味」が、この交流を支えています。

同時にもう一つ、家族と離れて「ひとりきり」で異文化に飛び込もうとする10代の子どもたちの心の震え。これもまた半世紀経っても変わらない不変のものです。

例えば集合の日。空港駅からホテルまでのわずか10数分のバスの中で、茨城から来た高校1年生の男の子は、バックから小さな冊子を取り出すと一心にそのページを凝視していました。ラボの事務局が発行する、持ち物や注意事項を書いた「ハンドブック」です。そこにはピンクのラインマーカーが何本もひかれていて、この旅の事前活動開始以降何回も何回も確認してきたことがわかります。

それでももう一度忘れ物がないか、明日の出発前までに確認しよう——。

10代の震える気持ちが、この些細な行動に見て取れます。

やはり国際交流は、どんなに時代や社会環境が変わっても、10代にとっては一生に一度の「ひとりだちへの旅」であることに変わりはないのです。そしてだからこそ、なにものにも代えがたい価値をもっている。

その価値を信じているからこそ、ラボと4Hクラブ、その他の受け入れ団体の関係者は、どんなに厳しい条件が現れようとも、あらんかぎりの力を振り絞ってこの交流成功のために力を尽くしているのです。

・ここでもテーマ活動が

ホテルの大広間での全体オリエンテーションを終えると、子どもたちはホームステイをする州ごとに割り振られた小部屋に集まりました。入り口に「アラスカ州」と書かれた一室を覗くと、そこには８人の子どもとテューターシャペロン（引率者）と事務局員、合計10人が集まっていました。

ここでも短い注意事項の説明があったあとで、テューターがCDデッキを操作すると、流れてきたのは日本の昔話を題材にした英語と日本語の『おむすびころころ』の物語でした。この年の国際交流のテーマであり、子どもたちが聴き込んできたラボ・ライブラリーです。ここから約1時間、テーマ活動が始まります。

——山で作業をしていたおじいさんがおむすびを食べようとして、誤ってそれを落としてしまう。坂道をころころころがったおむすびはねずみの穴に落ちた。ねずみがお礼にとおじいさんを穴の中に連れていった。そこはねずみの国。おじいさんはお土産に小判をもらって帰ってくる。その噂を聞いたよくばりじいさんは——

子どもたちは演技を始める前に、だれがおじいさんをやるか、おばあさんは、ねずみは、おにぎりは、穴はどうやって表現する？　と相談を始めます。不思議なのは、子どもたちはこの日全国から集まって初対面なのに、全くそれを感じさせないチームワークをみせること。参加者のほとんどは高校生なのに、誰も照れたり嫌そうな素振りをみせないこと。

誰もが進んで手をあげて役を決めていくし、どこの部分をどう演じようかと積極的に意見を言い合っています。

本当にラボっ子はテーマ活動が好きなのです。

ちなみにこの場に限らずラボのテーマ活動では、小道具や衣装は一切使いません。何カ月か準備を重ねた発表会の舞台でも、子どもたちは揃いのTシャツにジーンズという出で立ちで、人間だけでなく樹木も船も家も、ましてや「穴」までも表現します。

「There was void. がらんどうがあった」

という印象的なナレーションで始まる、「古事記」を題材とした『国生み』というライブラリーのテーマ活動では、「この〝がらんどう〟を表現するために苦心しました」、と約40年前の記憶を楽しそうに語るOBもいるほどです。

目の前の「アラスカチーム」では、おむすびがころがって穴に落ちて、そのあとを追ったおじいさんがねずみに連れられて穴に入っていくところをどう表現しようか？　子どもたちの話し合いが始まりました。

「おじいさんがころがるところは、だんだんしゃがんで小さくなって、その上を人がどんどん動いて穴に入っていく感じにしない？」

「じゃ、それで一度やってみよう」

短いミーティングはこれで成立。早速そのアイデアで、おじいさんが穴に入っていくシーンを演じることになりました。

ＣＤデッキを操作しながら、テューターは子どもたちのやりとりを黙って聞いています。何か質問されれば答えるけれど、基本は子どもたちの話し合いで役柄や演じ方等全ての物事が決まっていきます。

演劇と決定的に違うのは、演出家がいないこと。強いて言えば演出は子どもたち全員で考え、表現全体の世界観を作り出すのも子どもたちのイメージです。

その点を、テューターはこう語ります。

「この交流に参加する子どもたちは、全国の地区ごとの約1年間の事前活動の中でこのテーマ活動をやってきました。だから8人それぞれの演じ方は異なります。それらを踏まえて話し合って、アラスカチーム独自のテーマ活動が生まれてくる。セリフやナレーションは全員英語で覚えてきています。アラスカに着いたら、まず集まったホストファミリーにこのテーマ活動を見てもらうことになると思います」

子どもたちに聞いても、

「テーマ活動はやって当たり前。これをやると安心する」

と誰もが言います。

初めての「ひとりきりの異文化体験」を前に、やはり子どもたちの震える心を支えているのはラボの「根幹」である「テーマ活動」なのです。

この日私は、アラスカチームだけでなくホテルの別の部屋も覗いて、2人の参加者の姿を探しました。すでにこの年の春先に、都内で行われていた事前活動を取材して、その2人にインタビューしていたからです。

小宮怜奈（れんな）さん（中2）と河内智仁くん（中3）。

2人はそれぞれに、今回の参加動機をこう語ってくれました。

2　10代の瑞々しい感受性とともに

・小柄な中学生リーダー

「私は小学生の時に国際交流に申し込んで、去年中1で参加する予定でした。でもコロナで募集人数が少なくていけなくて、今年やっと参加がかないました」

外では肌寒い雨が降る2月の日曜日。赤坂のビルの一室で行われていたラボ東京中央地区の事前活動の場で、怜奈さん（渡辺尚代パーティ）はそう語ってくれました。

約15人の子どもが集まったこの会場でも、多くは高校生でした。その中で、丸メガネをかけた小柄な怜奈さんは、中学1年にもかかわらずリーダーに立候補。話し合いのなかでも司会者を務めて高校生たちをまとめています。

「向こうでつくる日本食のメニューを決めましょう。材料をどうするか？　日本から何を持っていくか？　みなさんの考えを発表してください」

怜奈さんの言葉に子どもたちが反応します。

「私はお好み焼きにしようかな。キャベツと粉とソースを用意して。青海苔は日本から持っていこうと思います」、「ぼくは巻き寿司をつくります。海苔と巻きすを持っていって、ホストが好きな材料を入れて巻けば喜んでくれるだろうから」、「学校のＡＬＴ（外国語指導助手）の先生に聞いたら、そばも人気だって言ってたよ」

子どもたちの意見を聞いていたテューターも、過去のシャペロンの経験から発言します。

「おにぎりをフライパンでバターで焼いたら、ホストがめちゃめちゃ喜んでました。バターに醤油も合うんですよね」

さまざまな声が上がる中で、怜奈さんがまとめます。

「他の人の意見も聞いて、よさそうなことはメモしておいてください」

高校生に囲まれても立派なリーダーぶりです。その点を本人に聞いてみると——。

「ラボでは年齢は関係なく下の子がリーダーをすることもよくあります。私は学校でも生徒会の書記をやっていて、声も大きいから『れんなメガホン』と言われています。ラボでは先輩後輩という関係はなくて年上にも敬語を使いません。学校よりも友だちとの関係が自由なところがいいんです」

日頃のパーティ活動でも、今回のように各地から参加者が集まる活動でも、ラボでは異年齢集団での活動がベースとなります。しかも全員がニックネームで呼び合って、上下関係はつくりません。だから年下でも、怜奈さんはのびのびとリーダーを務めることができる。その様子を見ていると、「はじめに」で掲げた仮説「この活動を支える魅力」の一つが「ラボの異年齢集団活動」であることは間違いなさそうです。


もう一つ、怜奈さんが笑いながら教えてくれたことがありました。

「今年参加できるという連絡がテューターからあった時、喜んだのは私よりお父さんでした」

その理由を聞くと、「お父さんも元ラボっ子で、中学時代に国際交流に行ったし高校時代には1年間留学も経験したから」とか。ならばお父さんにも会ってみようと連絡すると、約束の場所に現れたのは怜奈さんそっくりな（怜奈さんがお父さん似なのですね）、優しい感じのお父さん、篤志さんでした。

・中学と高校時代、二度の国際交流体験

「私は小学校1年から大学卒業までラボを続けていて、国際交流に参加したのは１９９１年、中学2年のとき。テネシー州でホームステイしました」

篤志さんはそう語りだしました。あまりにホームステイが楽しかったので、帰国後「高校生になったら留学したい」と親にお願いして、高校3年生のときに1年留学に参加。ウィスコンシン州の農家にホームステイしたのだそうです。

その2回のホームステイの中でも最も記憶に残っているのは中学時代のこと。テネシー州のホストの家について2日目か3日目に、ホームシックになったことだといいます。

「最初は気が張っていたのですが、ホームステイが始まってひとりきりになってから2、3日したら寂しくなったんです。日本の家に帰りたい――。気がついたら涙が出ていました。それをどうやって乗り切ったのか……。ホストの家はタバコの葉っぱを栽培する大きな農場で、ぼくもホストブラザーも毎日毎日その仕事を手伝いました。周囲は見渡す限り

タバコ畑で大人が10人くらい働いていて、その仕事が忙しかったし毎日新しいことに触れているうちにいつのまにかホームシックは消えていた――、そんな記憶があります」

高校時代の1年留学でも、始まりは「アクシデント」からでした。

――日本の高校でのアメリカン・フットボール部の経験を生かして、アメリカの高校でもアメフトの試合に出場した。その最初のプレーで巨大な相手の強烈なタックルを食らって立ち上がれなくなってしまった。病院に担ぎ込まれると、「肺に穴があいている」。そのまま胸の3カ所に穴をあけ、内視鏡を入れての手術となった――。

篤志さんが苦笑しながら言います。

「でもそれ以外は楽しかったです。ホストは酪農家で朝夕2回の乳しぼりがぼくの日課でした。黄色いスクールバスで30、40分かけて登校して、帰ってからも仕事を手伝いました。色々なところにつれて行ってもらったりして楽しい1年間でした」

ともにネガティブな体験から始まり話題豊富な異文化体験ですが、中学生年代と高校生年代の2回体験したことで、篤志さんはその感受性の違いに気づいたといいます。

「当時を振り返ってみると、感受性の豊かな中学生年代で異文化に飛び込んで1カ月、ひとりきりで生活したことのほうが大きな体験でした。頼るものは何もない。言葉も通じない。その中で全て自分で決めないといけない。半ば強制的にそういう環境に置かれることで、中2の自分は逞しくなったと思います。当時の英語力は「This is a pen.」に毛が生えた程度です。でもどうしても伝えないといけないことがあると、必死にジェスチャーしたり辞書で調べたり。アメリカは意見を言うことが当たり前で表現しないと自分が存在しないことになってしまうから、なんとか自分なりに創意工夫して表現しようとする。そうやって1カ月過ごしてきたことがすごくいい体験だったと思います」

それは高校生年代とは違う体験だったと篤志さんは言います。

そして、「だからこそ娘にも中学生時代に国際交流を体験してほしかったのです」と、熱を込めて語るのです。

このように、この国際交流では親子二代で体験するケースも珍しくなくなりました。OB・OGたちの人生において、10代での異文化体験はとてつもなく大きな意味を持っているケースがほとんどです。そういう親の経験が子どもの背中を押すケースも珍しくありません。それもまた半世紀という時の流れの「重み」です。

怜奈さんはパーティのお兄さんお姉さんよりはるかに先輩のお父さんに背中を押されて、

この国際交流に参加することになりました。

3　自分の未来を決める前に国際交流へ

・事前活動をしっかりやりなさい

もう一人、2023年の国際交流に参加する中学3年生河内智仁くん（岩坂えり子パーティ）とは、4月の上旬に東京・練馬区で行われていた事前活動の会場で会いました。中学3年の夏に1カ月間国際交流に参加することは、帰国後の受験勉強を考えると大変な選択だったはずです。なぜ中3での参加を選んだのか。智仁くんへのインタビューはそこから始まりました。智仁くんはこう答えました。

「ぼくは早く国際交流に行きたかったんです。高校1年で参加すると、事前活動は中3の冬から始まります。そうなると受験と重なって大変なので、受験の前に行ってしまったほうがいいと思いました。受験勉強の大変さよりも、まだ未熟な中学生のうちに参加していろいろなことを感じたいという気持ちが大きかったです」

智仁くんは、1カ月のホームステイと受験勉強が重なるよりも、事前活動と受験が重なるほうが大変だと考えた。そう決断した理由を問うと、

「岩坂テューターは常日頃から事前活動をしっかりやりなさい。できるなら中学生年代で参加したほうがいいと仰っています。だからぼくもそのほうがいいと思いました」

テューターの意向を尊重した決断だったのです。ご両親も岩坂テューターの意見に同意されていたそうで、家族をあげてテューターに対する信頼が厚いことが感じられます。

岩坂テューターに対する思いを、智仁くんはこう語ります。

「テューターはすごい人です。パーティの50数人のラボっ子をしっかり見ていて一人ひとりのことを考えてくれています。ぼくたちにとってはゴッドマザー。お母さんというよりぼくらを見守ってくれるおばあちゃんという感じかなぁ。ぼくは自分のおばあちゃんが早くに亡くなったのでそのイメージが強いです」

つまり、自分の肉親のような気持ちでテューターと接しているということです。では智仁くんのお母さんの岩坂テューターに対する思いはどんなものなのか？　うかがってみました。

・英語よりもコミュニケーション

「智仁の8歳年上の長男の幼少期に、英語を学ばせたいと思って色々な教室を見学して見比べました。しっかりと言葉を学ぶには10年か20年はかかるはず。普通の英語教室とか英会話教室ではそんなに長くは続かない。そういう中でラボの岩坂テューターとの出会いがありました」

どうやら初対面の時から岩坂テューターのインパクトは強かったようです。

「このとき岩坂テューターは、ラボは英語を学ぶ場だとは言わずコミュニケーションの仕方を学ぶ場だと仰いました。とても温かい感じの人で言葉づかいも上手な方でした。私は子どもたちに英語も日本語もいい言葉をたくさん浴びて、感情を乗せた言葉を学んでほしいと思っていたので、この方に子どもをお任せしてついていこうと思いました」

この時岩坂テューターはお母さんに、まずはラボ・ライブラリーを聴くことの大切さを語りました。それ以降河内家では、毎日毎日どんなときでもライブラリーをかけていて、まずはお母さんがその物語を楽しんでいたとか。「シャワーのように言葉を浴びせることが大切と思っていました」と、お母さんは語ります。

――パーティでの岩坂テューターは、どんな小さなことでも子どもたちに英語と日本語で、「いまどう思ったの？　どうしたいと思ったの？」と問いかけてくれる。子どもたちはそれぞれの答えを聞きながら、「自分と違う考えをする人もいるんだ」ということを理解する。その繰り返しの中で、思ったことを表現することの大切さを子どもたちは小さいころから仲間とのパーティ活動の中で学んでいく――。

お母さんは岩坂テューターのそんな指導方針に心酔し、お兄さんが小学校2年生のときに生まれた智仁くんには、その誕生前からラボ（幼少期はプレイルーム）への入会を予約したのだと言います。

まだハイハイしている智仁くんに、岩坂テューターはソングバード（英語の歌や踊りのCD）や英語の子守歌の音源を流し続けてくれました。だから智仁くんにとってラボは生活の一部であり、ライブラリーを聴くことも当たり前の日常です。そして国際交流活動に対しては、お兄さんやパーティの年長者の姿を見ながら夢を膨らませてきました。パーティのお兄さんお姉さんが異文化を体験して大きく変わった姿を、智仁くんはこう語ります。

「パーティの中には海外の高校や大学に進んだ人がいます。中学生の時に国際交流に参加して、アメリカの文化が好きになってその道に進んだのです。ぼくもそういうふうに、将来自分がやりたいことがアメリカで見つかるといいなと思っています」

・受験の前に、自分と向き合う時間をもってほしい

多感な中学生年代で異文化を体験し、将来の自分の進むべき道を探してきたい。親やテューターからすると「探してきてほしい」。智仁くんもお母さんもそして岩坂テューターも、同じことを思っているようです。その点に関して、智仁くんはこう語ります。

「ぼくはまだ将来のビジョンが定まっていないので、アメリカでそういうのが見つけられたらいいなと思っています。アメリカでは自分の殻を破って行動して、自分の本当に好きなことが見つけられたらいいな。それもあって、高校生になると一歩大人に近づいてしまうから中学生で国際交流に行ったほうがいいと思いました」

お母さんはこう語ります。

「智仁には、受験の前に自分と向き合う時間を持ってほしいと思いました。『ひとりきり』を乗り越えて自分に自信をもってほしいのです。日本にいると受験や学校のことで縮こまってしまう子が多いので、そこから解放されてほしい。智仁に限らず海を渡る子どもたちにとって今度の夏は大きなチャンスです!!」

確かに言われてみれば、10代での「ひとりきりの異文化体験」には自分の将来を決める力があると、私自身も経験を振り返ってそう思います。

ちょうどコロナでこの交流が中止になったとき、取材で出会ったラボＯＢ、「地域エコノミスト」の第一人者として活躍する藻谷浩介さん（日本総合研究所主席研究員）も、こう語っていたのが印象的でした。

「国際交流の中止は子どもたちにとって本当にショックだと思います。だってぼくらは、あの夏があったからこそいまがある。あの夏がなかったら、いまのぼくらはここにいなかったはずなのですから――」

藻谷さんに限らず、そう思っているＯＢ・ＯＧは少なからずいます（その声は６章で紹介しましょう）。

いままさに智仁くんは、その夏に向かって羽ばたこうとしています。将来の自分の道はまだわからないけれど、「ひとりきりの異文化体験」を乗り越えてその先に未来の光を探してくるんだ――。そんな武者震いが感じられるインタビューになりました。

※

さて、成田空港近くのホテルでの2日目の朝。いよいよ「ひとりきりの異文化体験の旅」の出発の時を迎えました。朝食会場には朝早くから子どもたちやテューターたちの姿があります。食事を終えると子どもたちは、荷物を持って玄関からバスに向かいます。まだここでは仲間もテューターもいるから落ち着いて見えるけれど、内心は「ひとりきり」で異文化に入っていく不安で押しつぶされそうなはずです。

この半世紀、何度も何度も繰り返されてきた10代の旅立ちの時。

その気持ちを、小宮怜奈さんはこう書いてくれました。

「国際交流はラボに入っている人ならあたりまえにいけるものだと思っていた。パーティの大きい子たちもそうだったからだ。しかしそれは全然違うということを、今身に沁みて感じている。コロナがはやり、一度中止されたからだ。（中略）

このときぐらいから私は、色々な人たちに支えられているんだと実感した。色々な人に支えられているから国際交流はできていて、それはけっしてあたりまえのことではないと気付くことができた。国際交流を通してつながれるのはアメリカの人たちだけでなく、日本のラボっ子やテューターの方々など、さまざまな人と交流できる体験だと思う。私はこれに参加できて嬉しいと思うとともに、絶対に自分の財産にして帰って来たいと思う。楽しみな気持ちは7割ぐらいであとの3割はまだやっぱり怖い。本当に自分はなにごともなく帰ってこられるのだろうかとか、ホストと仲良くできるかなど、たくさん考えてしまう。（中略）日本ではできないことを沢山するぞというやる気はあるのは確かだ。私の想像もつかない1カ月になると思う。とりあえず楽しむことだけを考えて、最高の思い出をつくって帰ってこようと思う」

もう一つの夜明けをめざして……。それぞれの課題を背負った10代の挑戦が、ここから始まります。1カ月の間、このラボっ子たちが身体と脳みそ一杯に汗しながらどんな体験を積んでくるのか。帰国後のインタビューと文章は、5章でご紹介しましょう。

子どもたちが異文化を訪ねている間、私たちは時間軸をぎゅっと巻き戻して、この交流を支える5つの要素の誕生と今日に至る経緯を検証してみたいと思います。

ラボ教育センターの誕生は1966年のこと。

その前後の時代状況は……。

成田のホテル集合時、州･国別活動にて

はじめまして。

現地到着後のオリエンテーション

成田のホテル集合時の州別活動

ホストファミリーとの対面

ROWING TO ANOTHER DAWN

ラボっ子旅に出る。——

第2章

「ラボ・パーティ」誕生の秘密

ラボ教育センターと
ラボ・ライブラリー、テーマ活動、
テューターを生み出した時代の要請と
子どもたちの力

1　ラボ教育センターの誕生とテューターの登場

・5歳から英語を始めましょう

「5歳から英語を始めましょう」
「ことばがこどもの未来をつくる」
「ラボ・パーティ誕生」

1966年3月27日の朝日新聞朝刊に、こんな言葉が並ぶ全面広告が掲載されました。このタイミングで発足したラボ教育センターの存在と、東京を中心にすでに258のパーティ（教室）が生まれていることを伝える広告です。

紙面では、東京外国語大学学長が、「ことばを育てることは、人間を育てること。ラボ教育センターがはじめた全国組織、テューター制度は言語教育のあり方に一矢を投げかけるもの」とコメントを寄せています。

つまり言語教育の専門家も期待する、新しい教育メソッドとしてラボ・パーティは生まれたのです。それはまさにこの時代の日本人の高揚感（気分の高まり）を刺激する、誇り高いメッセージでした。なぜならこの時代の日本では、誰もが「外国」や「外国語」をそれまで以上に意識していたからです。

・オリンピックと万国博、国際化の時代

この時代の日本は、64年の東京五輪を成功させ、70年には大阪万国博覧会、72年には札幌冬季五輪を開催予定のエネルギーあふれる「若々しい国」でした。第二次世界大戦の敗戦から15年、60年代に入ると日本経済は「高度成長期」を迎え、69年には西ドイツ（当時）を抜いてGNP（国民総生産）第2位（第1位はアメリカ合衆国）に躍進！　約10年間で国民の所得（収入）は倍増しました。

人口も1970年には1億人を突破。高齢者人口は7・1％、働き盛りの生産年齢人口（15歳から64歳）は約70％。現在から比べると国としてはるかに若々しい体力を誇っていました。

そして五輪と同時にやってきたのが、「国際化」の流れでした。

東京五輪が開催された64年の外国人観光客数は約35万人で、その2年前と比べると約

13万人も増えています。さらに6年後には万博が、その2年後には冬季五輪もあるのですから、人々は「国際化の時代」に大きな期待を寄せていたのです。

もちろんこの時代の「国際化」は、いまから振り返れば「赤ちゃん」状態です。新型コロナが生まれた66年の訪日外国人数は約43万人。出国日本人数は約21万人。新型コロナ前の2019年の「訪日外国人数3188万人、出国日本人数1895万人」と比べると、訪日外国人数は74分の1。出国日本人数は90分の1です。この頃は一般の人々にとって海外旅行はまだまだ「夢物語」であり、「生涯に一度飛行機に乗りたい」というのが多くの人の願いだったのです。

・生活の中の国際化

けれどこの時代から、人々の生活の中の「国際化」は始まっていました。

例えば現在も人気のマクドナルドやケンタッキーフライドチキンといった「ファーストフード」がアメリカから日本に入ってきたのは70年のこと。自動車業界も家電業界も（まだIT産業は生まれていませんでした）、世界の市場で商品を売ることに力を注ぐようになります。

そうした時代状況にあって、子育てをしている親たちの意識も変化します。

「将来はもっと国際化するから早くから子どもに英語を学ばせよう」、「できれば海外体験もさせておいたほうがいい」――。

そんな時、ある日の朝の新聞で、「5歳から英語を始めましょう」、「ことばがこどもの未来をつくる」という文字が飛び込んできた!!

まさにそれは「日本人の高揚感を刺激する言葉」でした。ラボ教育センターの誕生は、時代の核心をついた出来事だったのです。実際にラボ・パーティの会員数は開設当初から急激に増え、創業5年目の71年のパーティ数は初年度の約10倍の2500。会員数は約4万人を数えるまでになります。

その成長を支えたのはラボ独自のアイデアでした。例えばテューターの募集条件も、独特なものだったのです。

・テューターの条件～女性、英文科卒、電話

すでに朝日新聞の広告が出る前年の65年には、ラボ・テューターの募集と採用活動が始まっていました。そこには全国からたくさんの応募者がありました。

その応募の条件は、「女性（主婦）」、「大学の英文科卒」、そして「家に電話があること」。実際には独身女性も多かったようですが、いまでは考えられないような条件です。この時どんな人がどんな思いでテューターになろうと思ったのか。69年にテューターになった一人の女性を紹介しましょう。

「私がラボのテューターになったのは1969年、26歳の時でした」

埼玉県入間市に住む元テューター、繁田清子さんはそう語り始めました。彼女と会うのはおそらく40年以上ぶりのこと。私は小学校5年生からの約5年間、繁田パーティに在籍していました。繁田さんは当時の状況をこう語りました。

「当時は一般的に英語教育熱が凄かったんです。子どもに早くから英語を習わせたい。早くから外国を体験しておけば立派な国際人になれる。ラボは英語の幼児教育の草分けだったから、そう考える教育熱心な親御さんが門をたたいたのでしょうね」

小学校で英語が必修化となる半世紀も前に、「5歳から英語を〜」とうたう全国組織はラボ以外にはなかったのです。教師だった私の両親も、「国際化の時代の教育」としてラボを選んだはず。やはり新聞広告にあった「5歳から〜」と「ことばがこどもの未来を〜」というコピーの影響力は強かったのです。

・就職難、寿退社

では繁田さんはなぜテューターになられたのでしょうか?

「友人の紹介でした。当時は結婚したての主婦でしたので、大学時代に学んだ英語を家庭で生かせる仕事はラボ・テューターしかありませんでした」

繁田さんは立教大学の英文学科に学び、卒業後は出版社に就職。結婚と同時に退職されて（これを寿退社と呼びました）専業主婦へ。「女性（主婦）」、「大学の英文科卒」、そして「家に電話がある」というラボ・テューターの条件にはぴったりの人でした。

ちなみにこの時代の女性の大学進学者は全体の1割程度（75年で12・7%）。現在の約5分の1です。繁田さんはこの時代の女子学生の実情をこう語ります。

「私が学んだ英文科は200名中女性が190名もいました。ところが当時は女性が英語力を生かせる就職先があまりなかった。一般企業に事務職として入っても結婚したら退職するのが当たり前。だから私も結婚と同時に専業主婦になって、ラボと出会わなければ英語を生かす仕事はできなかったと思います」

まさにラボとの出会いはチャンスだったのです。

大学の英文科卒の女性は優秀で英語好き。ところが結婚と同時に退職して家庭に「英語の才能」が埋もれている。彼女たちは英語を生かした仕事がしたい。子どもを産めば自分の子どもに英語を教えたくなる。ラボはそういう女性たちに活躍の場を提供しました。

また「電話がある家庭」というのは、連絡が取りやすいだけでなく、当時ではある程度経済力のある家庭の目安でもありました。そういう家庭には、子どもたちを集めてラボのパーティ活動をする余裕（スペース）が自宅にあるはず。

まさに繁田さんはその典型でした。駅に続く坂道の途中に大きな家があり、門をくぐると立派な玄関があって、私たちは洋式の部屋でテーマ活動をしました。そこは格好のパーティ空間だったのです。

・学びの場が多いテューター

テューターという仕事には、もう一つの特徴がありました。それは「学びの場（研修制度）」が実に多かったことです。

テューターには毎月1回の活動報告会と年に1、2回の研修期間がありました。この期間には毎週1回の集団研修が2カ月間続き、自分のパーティの活動や子どもたちの様子の報告、そしてテューター同士でテーマ活動を行ったりしたのです。

この研修の中で、テューターたちは目の前の子どもたちの反応をベースに、テューターと子どもたちとのかかわり方や、子どもたちと英語のかかわり方の疑問点や課題点をお互いに報告し、事務局員を交えて徹底的に話し合いました。

その中から徐々に「物語ライブラリーやテーマ活動」が生まれ、「テューターは先生ではない、子どもを支える存在」といった今日のラボの特徴が生まれていったのです。

・文法を一切教えないスタイル

当時の研修の様子を知る、ラボの創設期（誕生して間もない頃）からのテューターの一人に、東京の佐藤公子テューターがいます。

佐藤テューターは東京外国語大学在学中に「新しい英語の幼児教育ができた」と聞き、テューターの希望者を集めた「テュータースクール」に参加。翌68年からパーティを開設しました。当時をこう振り返ります。

「当時のラボにはまだ物語ライブラリーはありませんでした。それ以前の英語教育とは違う画期的な『グレーデッド・ダイレクト・メソッド（GDM）』という方法で子どもたちに英語を教えていました」

その特徴は、文法は一切教えないこと。テューターは子どもたちとひたすら「I go to school.」「I go to church.」等のフレーズを言い合う。人称代名詞の書かれたカードをめくって、「You are mother」、「He is teacher」などと言い合う。有名なスポーツ選手やタレントの写真をめくり、「I like Taiho（相撲の力士名）」とか「I like Mie Nakao（芸能人の名前）」と言い合う。

「それはパターン・プラクティス（文型練習）と言って、当時としては画期的な英語の学び方でした」

と、佐藤テューターは振り返ります。

ところが、すぐに問題が出てきました。週に一度子どもたちが集まってこの活動をやっていくと、じきに種切れになって子どもたちが飽きてしまうのです。子どもにとっては「学校に行く」とか「教会に行く」、「誰それが好き」という英語をいくら覚えても、それらは自分自身の内部から湧き出た言葉ではなく、やはり「言わされた言葉」だったからでしょう。

また当時は、テューターはGDMという方法で子どもたちに英語を「教える」という感覚があったようです。現在のラボのように、「子どもたちは自主的に英語を学ぶ」、「テューターはそれを支える。言葉を引き出す」というスタンスとは違いがあります。

こうしたパーティの様子を、テューターたちは研修会のたびにシェアしあい、ラボの事務局にも報告していました。ラボの事務局員もパーティを訪問して、子どもたちの様子を観察します。そして全国のパーティの活動の課題点や問題点を、事務局員とテューターで何度も話し合いました。

その中で、ラボは誕生から3年目に大きな変化を迎えます。それは一つの仮説から生まれてきました。「子どもたちが自主的に英語を聴くのは物語ではないか？」。

そこから、「物語＝ラボ・ライブラリー」を使って子どもたちが英語を浴びるように聴くというアイデアが生まれてきたのです。そこにはこんなプロセスがありました。

2　英語―日本語、二言語の物語＝ラボ・ライブラリーの誕生

・家庭での英語の学びが大切

ラボの誕生直後から、テューターたちは研修活動の中で「家庭学習問題研究会」を組織し、「子どもに英語を教えようとする時、週に一度1時間のパーティ活動だけでは足りないのではないか」、と議論していました。

週に1時間のパーティ活動だけでは年間で52時間にしかなりません。これでは英語は覚えられない。仮に家庭で毎日30分間英語漬けの習慣をもったら、1年365日で約180時間は英語に浸れることになる。そこで、「家庭学習が大切だ」という結論がこの委員会の中で出てきたのです。

けれど、子どもたちが家庭で自分からパターン・プラクティスをするとは思えません。もっとワクワクドキドキするものでなければ、自分からは英語は聴かないだろう――。

そこで「子どもたちが自ら家庭でも英語を学習するにはどうしたらいいか？」という課題が生まれ、ラボは子ども向けの「物語」がいいという仮説を立てます。

・英語だけか、日本語もいれるか？

問題は、物語ライブラリーの作り方です。日本語の物語を英訳して英語のみで録音するか、日本語もつけるか。当初は「英語だけ」という考え方が主流でした。なぜならGDMメソッドでは、日本語はなるべく排除して「子どもには英語だけに触れさせる」という考え方が中心だったからです。英語教育に日本語を使うこと自体が常識破りであると、「家庭学習問題研究会」のテューターたちは主張していました。

けれど、そこにもう一つ別の考え方がありました。それはラボ教育センターの創設時の代表であった榊原陽さんの、子どものころの体験でした。榊原さんには、こんな記憶がありました。

――3歳から4歳のころ父親が絵本を『Once upon a time、昔むかし、a man had a donkey ある男がロバを飼っていたよ』と二言語で読んでくれた。日本語で聴いて物語を楽しんで、自然と英語のほうも聴いていた。

榊原さんはこの体験があったので、物語を英語と日本語の二言語で聴かせるメリットをこう考えました。

「こどもは物語が楽しければ、日本語の部分に耳を傾けるだろう。また、同時に聴こえてくる英語にも自然に触れていくことになる。その蓄積で、やがてこどもたちは英語を無意識に自分で見つけてゆくことができるに違いない。これも、自然言語環境と呼べるのではないか」(『ことばを歌え! こどもたち』ちくまぶっくす)

そこで、英語と日本語二言語でのライブラリー制作の考えを打ち出したのです。

この時も、やはりラボは子どもの意見を重視しています。事務局員もテューターも、まずは試作した二言語の物語ライブラリーを子どもに聴かせて、その感想や意見を聴いたのです。当時の事務局のライブラリー制作の担当部長だった定村忠士さんは、当時7歳だった娘にライブラリーを聴かせてその反応を見ていました。「家庭学習問題研究会」のテューターも、自分の子どもに二言語のライブラリーを聴かせて、その感想をレポートしています。

その上でラボは、子どもたちの反応がよかった英語－日本語という二言語の物語ライブラリーでいこうと決断したのです。

やがて１９６９年の1月、児童書の老舗・福音館書店が出版していた4話の物語をベースに、最初のラボ・ライブラリーが生まれてきました。

『Stop, Taro!（たろうのおでかけ）』、『The Kindergarten Elephant（ぐるんぱのようちえん）』、『A Surprise Visitor（ぐりとぐらのおきゃくさま）』、『The Thunder Boy（へそもち）』。

４つの物語は英語と日本語で収録されていて、絵本もついていました。そのライブラリーをはじめてパーティで子どもたちに聴かせた時のことを、前出の佐藤公子テューターは鮮明に覚えています。

「子どもたちの反応がＧＤＭのころとは全然違いました。子どもたちのほうから『あれがしたい、これがしたい』と言って、自主的に動き出したのです。たろうがおつかいにいくシーンでは信号機の絵を描いたり、黄色はイエローだねと言い合ったり。ゲームを考えた子もいました。英語は耳から入るので、子どもたちはおうむ返しに喋りながら言葉を覚えていきます。英語を喋りなさい、というのではなくて英語が自然に出てくる。それは私にとっても大きな驚きでした」

こうして生まれたライブラリーは、子どもたちの圧倒的な支持を受けて今日まで続いています。パーティでも事前活動でもラボっ子はテーマ活動が大好き！　その理由の一つは、この誕生のプロセスにもあったのです。

そしてここまで支持されているのは、事務局員と制作スタッフの周到な仕事ぶりにもその秘密があります。

・演者のキャスティングと膨大な労力

ラボ・ライブラリーをつくる時に、ラボが今も真剣に取り組んでいること。それは、演者（吹き込み者、作曲家、絵本作者、脚本家等）のキャスティングやライブラリーのクオリティ（精度）です。

誰に英語と日本語の言葉を吹き込んでもらうか？　誰に作曲を依頼するか？　ライブラリーの制作全体にどれだけの労力と時間をかけるのか？　これらの細部に、ラボは最大限の努力を払い続けています。

「有名無名は問わない。ほんとうに良い日本語を語れる俳優をさがしてください」

最初のライブラリーづくりが佳境になった68年の秋ごろ、定村さんは旧知のNHKプロデューサーに対してそうお願いしたそうです。すると彼は新人俳優の江守徹さんを紹介してくれました。江守さんはのちにNHK大河ドラマの主演を演じたり、舞台ではシェイクスピアの作品に多数主演したり、日本を代表する俳優となります。江守さんはその後何回もラボ・ライブラリーに出演してくださっています。

あるいは2023年に文化勲章を受賞された狂言師の野村万作さんにも、『へそもち』の日本語吹き込み者として登場いただいています。このとき英語を吹き込んだのは、イギリスBBC放送のアナウンサーで、「女王陛下の英語の使者」とも言われたヴァーナー・C・ビックリィさんでした。

さらにこの4つの物語につける音楽にも、素晴らしい作曲家が選ばれています。『たろうのおでかけ』など3本の物語の音楽は、クラシック音楽と映画音楽の作曲家であり、弱冠22歳で芸術祭大賞を受賞した英才、林光さん。『へそもち』の音楽は、日本の伝統音楽界から長唄三味線の第一人者、今藤長十郎さん。

ラボはこれ以降もライブラリーの制作では、各界からそうそうたるメンバーを招いています。

また、その制作にかけるエネルギーもなみたいていのものではありません。録音の時にどうしても出てしまうノイズ（唇や舌の音、呼吸音等の雑音）を取り除く作業。音のレベル調整（音量や音の高さの調整）の作業。セリフと音楽を合わせる作業。物語の翻訳を検討修正する作業。それぞれの作業に100〜120時間かけて、一本の物語ライブラリーを完成させます。69年から2024年までに制作されたライブラリーは延べ67セット。その全てに、このようなプロセスがとられているのです。

そこまでのこだわりについて、当時のラボ・ライブラリーの制作責任者であり、ラボ教育センター常務理事であった谷川雁さんはこう書いています。

・四代五代を貫徹するライブラリー

「むかしの教育のおもしろさは、論語にしてもバイブル（聖書）にしても、ずっとtraditional に曾祖父から曾孫まで、おなじ主題が貫徹するところにあります。そういう意味ではわたしたちは、ラボ・ライブラリー（※当時は『ラボ・テープ』といっています）を少なくとも四代から五代くらいの間は貫徹させてみたいと思います。（中略）何十万、何百万のこどもが通過していくトンネルのようなものとして考えれば、ものすごくがっし

りしたトンネルをつくらなければいけないと思うのです」(「ラボ・テープの考え方」1972年7月18日)

この言葉通り、ラボ・ライブラリーはその登場から半世紀以上が経ったいまも、子どもたちに愛され続けています。親から子へ、あるいはおじいちゃんおばあちゃんから孫へ、三代続く「ラボっ子」は珍しくない存在となりました。谷川さんが書いていた通り、世代を貫徹してライブラリーは愛され、パーティ活動の核となる「テーマ活動」に収斂《しゅうれん》し、子どもたちの英語の学びのベースとなっているのです。

では、こうして生まれたラボ・ライブラリーと子どもたちの出会いはどんな様子だったか。これをベースにした「テーマ活動」はどんな変遷をたどったのか?

それも見ておきましょう。

3　子どもたちとラボ・ライブラリーの出会い

・物語を飢えるように聴きたがる子どもたち

　佐賀県佐賀市で１９７３年からラボ・テューターとなった村田樹美子さん（２０２３年に引退）は、約半世紀前の子どもたちの様子を楽しそうにこう語ります。

「当時私は自宅に子どもたちを集めて英語塾を開いていました。そこにラボの事務局員がやってきて、『すてきなワフ家』（Ｃ・Ｗ・ニコル作）というライブラリーを聴かせてくれたんです。そしたら子どもたちは大喜び。飢えるように物語を聴きたがる。塾では学校の英語の教科書を暗記させたりちょっとした英語劇をやったりしていましたが、子どもの表情をみてまず我が子をラボに入れようと思いました」

　このときラボは、71年からは夏や冬の国内キャンプ活動が、72年からは国際交流が始まっていて、73年の夏には、アメリカからやってくる子どもを家庭に受け入れる双方向交流活動が予定されていました。村田テューターは保護者にそれらも説明して、「ラボにはたくさんのポケットがあります。英語を究めるだけではなくて、色々な活動を通して子どもたちのさまざまな芽を育てていきます」と語りました。

その後約半世紀。最盛期には約300人のラボっ子が在籍した村田パーティからは、芸術家、女優、海外で活躍するビジネスマンや医師など、さまざまな芽が育っています。

それらの全てのスタートは、物語を聴いて「もっと聴きたい、もっと聴きたい」とせがんだ半世紀前の子どもたちのイキイキとした表情だったと、村田テューターは語るのです。

・物語を丸ごと覚える子

さらにこの物語ライブラリーが誕生して間もないころ、テューターや事務局員には驚きの出来事がありました。物語ライブラリーを丸ごと覚えて英語で語れる（現在の素語り）ラボっ子が現れたのです。

その子、広野創（ひろのはじむ）くん（当時10歳）の登場は、ラボの会員誌「ことばの宇宙」（69年6月号）にこう綴られています。

・物語は面白いから聴いたんだ

「創君の『Stop, Taro!』の勉強が始まった（物語を聴き始めた）のは4月2日からです。はじめの2、3回は日本語の入ったテープを聞いたのですが、ストーリーを覚えてからは自分から英語だけの方を選んで聴きました。ずっと物語を通して聴き、聴き取りにくいところがあると、なんども巻きもどして確かめるのです」

するとく創くんは、４月中旬には『たろうのおでかけ』の物語（英語のみで約15分程度）を丸ごと覚えてしまいました。しかもお母さんに対して、

「Where should Taro cross the street?」

と物語の中に出てくる英語のフレーズで質問することもありました。お母さんが、

「Crosswalk かな？」と、答えると、

「That's right! At the crosswalk」

創くんはインタビューに応えてこう語っています。

「勉強のテープはいやだけど、この物語は面白いからやったんだ」

創くんの登場は、手さぐりで英語の新しい習得方法を探っていたラボ関係者には想像以上の喜びでした。本物の物語を頭からシャワーのように浴びせる。文法や単語を教えるのではなく、英語を身体に染み込ませる。そういうラボのやり方で、生きた英語を話す子どもが現れたのですから。

これ以降、全国のパーティでは「物語ライブラリーを丸ごと覚える」活動が広まります。地区ごとに「英語暗唱大会」が開かれたりもしました。

子どもたちは物語のことを目の色を変えて歓迎し、自ら進んで言葉を覚えていきました。英語－日本語の物語を最初に、しかも圧倒的に支持したのは子どもたちだったのです。

それは今日のラボ活動の核心となる、テーマ活動に繋がる「第一歩」でした。そしてその後生まれた「10代で異文化に飛び込む」国際交流活動の、大きなバックボーンともなったのです。

・少し首をかしげて集まった

ラボ・ライブラリーが生まれパーティ活動の「核」となるなかで、テューターたちは71年の段階でこんな文章を残しています。

「1966年の春、ひとつの誘いに似た声がきこえました。ことばがこどもの未来をつくる――。あたたかい潮のみちる思いがあると同時に、日々の暮らしをつらぬくかすかな傷みがありました。私たちは、すこし首をかしげるようにして『ラボ教育センター』という耳なれない名前のまわりに集まりました」

独特な文学調のこの文章は、テューターたちの会報誌「テューター通信71年1月号」に掲載されたものです。テューターが書いたものと読み取れますが、執筆は前出の谷川雁さんであると、ラボ教育センター元会長の松本輝夫さんは書いています。（『谷川雁　永久工作者の言霊』松本輝夫著　平凡社新書）。

谷川さんはラボと出会う前は、社会を改革（よりよく）しようとする運動のリーダーの一人であり、独特の表現をする詩人・思想家でした。ラボに入ってからは、ラボ・ライブラリー制作の総責任者となり、テューターたちに「子どもにとっての物語の意義や価値」を伝える存在でもありました。

谷川さんはテューターに代わって、この文章でラボ・テューターという仕事についた女性たちの「とまどい」と「喜び」、そして獲得した教育観を書いています。谷川さんの独特な文章を意訳すると、以下のようになります。

- 外国語教育のこれまでの定説を覆して私たちが学んだのは、外国語を子どもたちに教えるのは不可能である。子ども自身が習得するしかない。評価は不要だ。
- 子どもたちに外国語を学ばせるのは、「意識の根を強くしたいから」であり、外国語を学ぶことは母語（日本語）の魅力を深く知ることでもある。
- テューターは教育の専門家（先生）でも母親でもない。子どもたちの成長を静かに見守る存在（「触媒」という言葉を使っています）である。

・パーティを展開する場は現代の寺子屋であり、学校や家庭とは違った「第三の教育の場」である。

そしてこう結んでいます。

「私たちは、こどもの変化にみちた言動のはしばしを、まるで探検家のように、発明者のように見つめるよろこびを味わってきましたが、それはまたもうひとつの別の光をあたえてくれました。この事例をみんなと検討しあうよろこびです」

つまりテューターたちは、「ラボ・ライブラリーを聴きテーマ活動をする目の前の子どもたちの反応をじっくりと観察しよう。そこで得た驚きや感動を互いにシェアしていこう。英語を『教える』のではなく、子どもたちの『自主性』を伸ばす方向に進んで行こう。そこにこそ『こどもの未来』がある」と、学びあっていったのです。今日につながるテューター像は、こうして生まれてきました。

・テューターも保護者も「辛かった」

とはいえ、世の中の英語教育とは別の道を歩むのですから、テューターという仕事は一筋縄ではいきませんでした。前出の繁田清子さんが振り返ります。

「ラボのテューターはやり甲斐はありました。自分で考えて子どもたちに向き合うことができるからです。でも辛かった。教科書がないんですから。英語の力を引き出すためにどうするか、それを絶えず考えていました」

さらに、ラボのライブラリーを使ったテーマ活動に対して、保護者からクレームが来ることもしばしばだったとか。

「塾だと思って入れたのに、ライブラリーを聞いてどたばたしているだけで英語の力がつくのか?」「学校の英語の成績が上がらないけれど、あんな教え方でいいのですか?」、等々。

そのため繁田さんは、パーティ活動のあと、学校の英語の教科書を教える時間をとったこともあるといいます。

「でもね」、と付け加えました。

「そういう保護者でも、子どもにラボを辞めさせる人は少なかったです。その後ラボを終えて子どもが成人してから、『お蔭様で息子はリーダーシップを発揮するようになりました。ラボのお蔭です』と言ってきたりもしました」

と、微笑むのです。

「ラボ・ライブラリー」や「テーマ活動」に出会ってテューターも大変。学校の成績に直結しないから保護者も大変。楽しんでいたのは子どもだけ、ということなのでしょうか。

あるいは前出の佐賀の村田樹美子テューターは、谷川さんの文章に書かれた「第三の居場所」ということに関して、こんな思い出を語ってくれました。

・真夜中のラボルームで

ある夜保護者の一人から、村田テューターのもとに電話がかかってきました。

「うちの××が家にいないのですが、テューターのところにいませんか？」

えっ？　こんな時間に？　村田テューターが「まさか？」と思いながらラボルーム（別棟につくられたパーティ活動をする部屋）の扉を開けてみると、一人の少年が部屋の隅で寝袋にくるまって眠っていました。

「あんた、何やってるの？」と、声をかけると、

「家でお父さんに怒られた。帰りたくない――」

村田テューターが振り返ります。

「もう25年も前ですからそれからどうしたか、正確には覚えていませんが、この部屋は子

どもたちにとって心休まる場所。あなたたちの家だからと常に言っていました。その子の父親は厳しい人で、子どもの言い分を聞かない人でした。その後25年たって、今その子は県庁で働いています」

まさにラボは子どもたちにとって、家庭でも学校でもない「第三の居場所」なのです。こういう事例も研修会でシェアしながら、テューターたちは子どもと向かい合っていきました。その姿勢はラボ・テューターという仕事が生まれて以来、今も変わりません。互いに学び合いながらそのスタイルを獲得し、伝え合い、伝統となっています。

4 シンプル化していくテーマ活動

・お絵描き、衣装、小道具

ライブラリーが誕生した直後から、ラボの機関紙『ことばの宇宙』には、さまざまな「発表会」の報告が載っています。「仙台市で開かれた東北合同発表会では幼稚園児から小学校4年生まで20人で『ぐるんぱのようちえん』という劇を演じた」。「神奈川県川崎市産業文化会館では『オバケのQ太郎』が舞台に登場した」等々。この文章に添えられている写真には、舞台上に着ぐるみを着たオバQと男の子が2人。ちゃぶ台の上にはお皿や茶碗。舞台うしろには布製の書き割りもみえます。

69年のラボ・ライブラリーの登場以降、物語を丸ごと覚える活動の次には、パーティでの劇活動が盛んになりました。当初は「テーマ活動」とは呼ばずに「劇遊び」と言われたようです。人形劇やお面、着ぐるみなどの小道具が使われるケースもありました。

——劇遊びはパーティで楽しむだけではなくて、人前で見せる発表会をやろう。どう面白く見せるか？　それを工夫しよう。

という流れができたのです。71年ごろから雪崩を打ったようにパーティから劇活動が出てきて、テューターの間では、「物語、言葉、グループ、表現」という4つの要素が大切だと話し合われ、「テーマ活動」と呼ばれるようになりました。

そしてテューターたちは、一つの発表を終えるたびに研修会でその時の子どもたちの様子をレポートしあい、よりよい活動は何なのか、研究を重ねていったのです。

そういう事例研究の中で、だんだんと、「小道具や背景がなくても劇遊びはできる。むしろそれらがないほうが大きな表現ができる」ということが、各地で「発見」されてゆきます。その繰り返しの中で、テーマ活動はだんだんとシンプルに、ただ身体表現のみ、という方向に歩みだすのです。

そのころ谷川さんは、パーティや発表会の現場で「自由な発想の子どもたち」を「目撃」することで、「テーマ活動は外国語を使っての能狂言だ」と語るようになります。舞台上に小道具は一切なし。ただ身体表現だけで物語を演じきる「能や狂言」こそが、ラボのテーマ活動に相応しいという持論を展開するようになるのです。そのことを、こう書いています。

「こどもたちの劇は、現代作劇法、あるいは近代ドラマとはかなり違っております。なにしろ、こどもたちは、電柱に登るということを演ずるのに、電柱の方をだんだんと下におろしていけばいいなどということを発明するくらいですから」

そして「物がなくてもあるように演じられる。ないほうが豊かに演じられる」と語るようになるのです。

・大人や大学生も巻き込むテーマ活動

ここでも「始まりは子どもの発想」でした。そこからだんだんと、発表会の舞台から衣装やお面、大道具や小道具は消えていきます。「ラボ・パーティでの出来事は子どもたちに受け入れられた結果が積み重なってできたもの。ラボは、時代時代のラボっ子の作品だと思っている」と語る事務局員もいるほどです。

そしてそのシンプルなテーマ活動は、子どもたちの手を通して全国に広がり始めました。

当時の事務局員が、テーマ活動が全国のパーティに広まるきっかけをこう語ります。

「始まりは75年、第一回のスプリングキャンプでした。このときの参加者は新中学生以上で、参加するパーティのメンバーをばらばらにわけて、ロッジ毎にテーマ活動をやることになりました。全国的にはまだテーマ活動のおもしろさが伝わっていないパーティもあったので、キャンプでそのおもしろさを知ってもらおうという狙いでした」

次の章で述べる黒姫のラボランドにおいて、75年の春キャンプから、各ロッジに初対面のラボっ子が集まりテーマ活動をやりながら仲よくなる、という試みが行われたのです。

折しもその前年の夏には、ラボっ子にとって不朽の名作となる『ピーター・パン』がライブラリーに加わりました。それをキャンプで、初対面のラボっ子同士がピーター・パンやフック船長を演じることで、テーマ活動の面白さが全国に広がっていったのです。

さらに東京の小金井パーティという、比較的子どもたちの年齢も高いパーティが、このキャンプの帰りに長野市内で、長野県のラボっ子やキャンプ帰りのラボっ子を集めて『ピーター・パン』の1話から4話まで全てを演じるという催しもありました。まだ長野県内にはテーマ活動を見たことがないというパーティもあったので、子どもたちはすごく感動したといいます。

こういうプロセスを経て、テーマ活動の魅力は全国のラボっ子に伝わっていったのです。

このころ、テーマ活動の魅力を裏打ちする、もう一つの動きもありました。ラボの周辺にいた大学生たちが、「テーマ活動ってなんだ？　そんなに面白いのか？」と興味を募らせたのです。

それは71年から75年にかけて、春夏冬のラボキャンプで「ボランティアスタッフ」として働いていた、当時「シニアメイト」と呼ばれていた大学生たちでした。その労働条件は、「夏期は7月下旬から8月下旬の一カ月。交通費支給。３食付きで一日５００円」、というもの。缶入りコカ・コーラ一本50円の時代でした。

その彼らがラボっ子の「テーマ活動」を見ていて、「そんなに面白いのか？　自分たちもやってみるか」と、74年の秋に練習を始めたのです。このときメンバーだった、ラボのニックネーム「コゲパン（久下好登さん）」と「ミッキー（三澤正男さん）」は、こう口をそろえます。

「演じたのは『ありときりぎりす』。週に一度、新宿のラボセンターに集まって練習しました。最初は頭にアンテナをつけていたけれど、そのうち邪魔だ、取ろう、身体表現だと言い出して小道具はそぎおとしていきました」

当時の参加者からは、「物語を英語と日本語で演じるのは初めての体験」、「やっていて面白い」、「日々発見がある」、「演出家がいないのが新鮮」等の感想が聞こえてきたとか。その成果は、75年2月に開かれた国際交流の結団式で披露されました。

この頃はすでにテューターや事務局員もテーマ活動を始めていました。その魅力は、子どもたちだけでなく周囲の大人や大学生たちも巻き込む力を持っていたのです。

この後76年からは、キャンプでの「シニアメイト」の役割はラボっ子の高校生たちが担うようになります。高校生シニアメイトたちがロッジリーダーとして活躍するようになるのです。コゲパンやミッキーたち初期のシニアメイトは大学を卒業し、その何人かはラボ教育センターに就職して、今度は事務局員として子どもたちと深く関わることになります。彼らにとっても、長いラボとの関係の始まりはテーマ活動だったのです。

※

こうしてテーマ活動は、日々進化を遂げながら今日に至っています。1章に見たように、初対面のラボっ子どうしでもその場で新しい表現が生まれてきます。それは子どもたちの思いをぎゅっと詰め込んで生まれたラボ・ライブラリーと、「何もないほうが豊か」という子どもたちの想像力がベースとなっているからです。

そしてパーティやキャンプなどで繰り返し繰り返しテーマ活動を行う中で、子どもたちは「本物（ネイティブ）」の英語を全身に浴び、物語の世界に浸りながら、異文化への思いを馳せていきます。

さぁ、次の章ではいよいよラボっ子が初めて異文化を目指して海を渡るシーンを見ていきましょう。１９７２年に始まった国際交流は、どんなプロセスを経て実現したのか。どんな狙いがあったのか。この半世紀の間にどんな出来事があったのか。それらを語っていきましょう。

ラボ・パーティ
誕生。

初期のレッスン風景

1970年のラボのレッスン

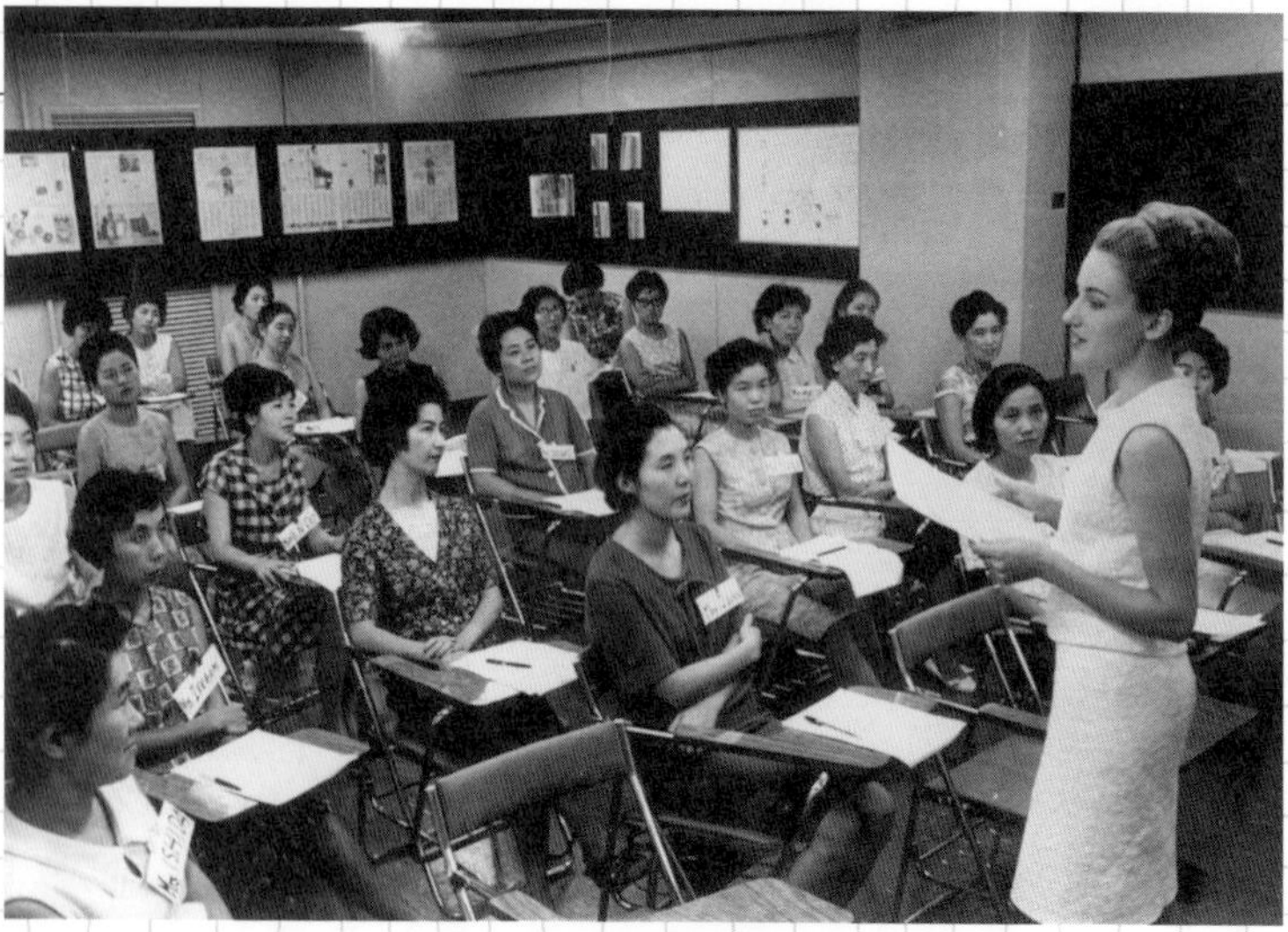

1966年のTSの様子

1966年のラボ・パーティの様子

ラボ・ライブラリーを編集する
当時のテープデッキ

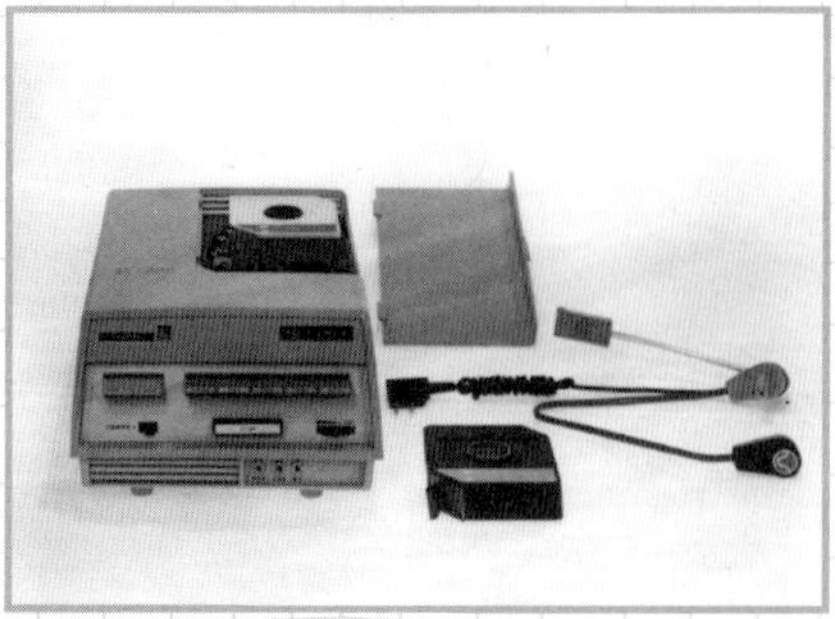

ラボ・ライブラリーを聞く当時のテープデッキ

ラボ・ライブラリーの制作風景

1972年国際交流へ出発

1972年第一回ラボ国際交流の記録

ROWING TO ANOTHER DAWN

ラボっ子旅に出る。――第3章

「ひとりだちへの旅」で鍛えられる

10代の自立を求める旅を生み出した異文化の魅力

1　もうひとつの夜明けをめざして

・「ラボ号、アメリカへ！」

「1972年7月26日――、この日はラボっ子にとってはいつまでも忘れられない日となるだろう。149名の〝ジロウ〟たちが、アメリカにむかってとびたった。日本中のラボっ子たちも、この日、あたらしいラボの未来へと、また1歩ふみだしたのだ」（『ことばの宇宙』72年9月号より、※ジロウとは、当時同誌に連載されていたホームステイをする少年を描いた「はばたけ、ジロウ!!」から）

ついに始まったラボっ子の異文化への旅。アイダホ州とワシントン州の2州を受け入れ先として始まった、記念すべき第1回目の旅のスケジュールは、

――7月26日16時30分、羽田空港発、シアトル到着後2日間シアトル大学滞在。オリエンテーションを受ける。28日から8月1日までホストファミリー宅でホームステイ。この後4Hクラブの夏のキャンプに参加。8月19日、全員がワシントン州スポキャン市に集合。ゴンガザ大に1泊。24日までバスの旅。モンタナ州グラシエ・ナショナル・パーク⇓ワイ

オミング州イエローストーン・ナショナル・パーク等。25日、サンフランシスコへ。２泊のホームステイ。27日、帰国の途へ。（『テューター通信』72年6月号より著者抜粋）

この年のホームステイは、後半に４Ｈクラブの夏のキャンプと全員でのバス旅行が組み入れられていたので、わずか４日間。旅の名称も「ラボ海外旅行」と呼ばれていました。その後、参加したラボっ子から「もっと長くホームステイしたい」という声があがり、２年目からは４Ｈキャンプは短くなり後半の旅行はなくなって、ホームステイが長くなって今日まで続いています。

初年度の参加費用は31万６０００円。この年の大学卒の初任給の平均は約5万円でしたから、その6倍強の価格。現在の価格に換算すると、１４０万円程度でしょうか。

この旅立ちを前に、ラボは前年の71年に2人のテューター（石塚和子さん、中山摩利子さん）を「現地調査団」としてアメリカに派遣しています。

2人は農家にホームステイして、４Ｈクラブのキャンプにも参加。後半の旅行地を選ぶために、いくつかの国立公園や都市をまわりました。さらにこの旅が「個人の経験がラボっ子全体の経験となるように」帰国報告会を開くことも提案しています。

・国際交流のアイデアは

ではこの旅のアイデアはどこから生まれてきたのか。誰が交流先となる4Hクラブを紹介してくれたのか。この頃のことを知る一人に、元ラボ・スタッフの山田多喜男さんがいます。山田さんは青山学院大学神学部卒。1960年にアメリカの神学校に留学し、帰国後68年にテック（当時のラボの会社名。ラボ教育センターはその事業部でした）に入社。その後ラボ国際交流センターに配属となり、90年代に7年間、シアトル事務所所長を務めました。当時を振り返ってこう語ります。

「国際交流のアイデアが出たのは70年ころ、ラボの代表だった榊原陽さんが言い出したのではないでしょうか。パーティ活動だけでなく実体験として生の交流をする。教室での平面的な学びだけでなく、アメリカの家庭に入って立体的に異文化を学ぶ。その頃はラボも発足から4年たって中学生が増え、その子たちに昔の元服（公家や武家社会で成人になったことを示す儀式）のような機会を与えよう。自立するために『ひとりだちへの旅』に出そう。そういう発想だったと思います。その時キーパーソンだったのは、テックで英語講師を務めていたミセス・マークスさんでした」

マークスさんは、日本にやってきて当時2年目。テックの契約先企業で社員に英語を教える講師を務めていました。もとはアイダホ州の中学校の校長先生で、ラボが国際交流の相手を探していたときに、「4Hクラブがいい」と推薦してくれたのです。「4Hクラブはアメリカの古き良き精神を持った良質な人たちの集まりだから」という理由でした。

マークスさんは『ことばの宇宙』にこう書いています。

「日本とアメリカの少年少女のみなさんが、お互いをよく知り合って本当の友だちとしてつきあうために（中略）みなさんがアメリカを旅行し、4Hクラブに参加している農場に泊まるという計画を練ってきました」（『ことばの宇宙』71年11月号）

マークスさんは事前調査団の2人のテューターとアメリカで落ち合って、行動を共にしました。この文章を読むと、4Hクラブに対してホームステイの交渉で大きな役割を果たしたのは、2人のテューターとマークスさんだったようです。当時アイダホ州4Hクラブのステイトリーダー（州の責任者）だったモーリス・ジョンソンさんが若いころにスウェーデンにホームステイした経験があり、その素晴らしさを語ってくれたことも大きかったと言われています。

とはいえ、当初この交流活動は長期的なものとは思われていなかったようです。ジョンソンさんはのち2016年に開かれたラボ国際交流45周年記念の集いに招かれて、こう語っています。

「当初の段階では4Hクラブの中に交流活動への反対者もいて説得するのが大変でした。だから72年には実施しても、翌年も続けることは考えていなかった。まして45年も続くことなど誰が想像したでしょう」

この計画が4Hクラブの家庭に受け入れられるかどうかは、開始段階では未知数だったのです。

日本でも同様です。事前に手紙のやりとりをするとはいえ、初対面の他人の家に数日間泊まる「ホームステイ」は、まだ一般的ではありませんでした。それを10代の子どもにアメリカで、しかもひとりきりで体験させようと考える組織はラボ以外になかったはずです。4Hクラブがそれを引き受けてくれたことで、この計画は成立しました。つまりこの国際交流プログラムはラボと4Hクラブの合作であり、開始当初は実験の要素の強いものだったのです。

けれど2年目以降もこの旅が継続し、しかもホームステイ期間が延びたということは、アメリカの家庭からもこの交流への賛同の声が上がったということ。ラボと4Hクラブの気持ちが一つになった証拠です。

ちなみに歴史を辿れば世界で初めてホームステイ活動を行ったのはアメリカでした（1930年、ヨーロッパ諸国を対象）。だから市民に広くホームステイ文化が浸透していたことも、この活動が続いた要因であったことは間違いありません。

・４Ｈクラブ

では、４Ｈクラブとはどんな組織なのか。山田さんはこう語ります。

「４Ｈクラブが強調する教育はパーソナル・デベロップメント。大人が子どもを教育するのではなくて、子どもたちが自分で自分を鍛えるという姿勢です。『Learning by Doing＝体験を通して学ぶ』というポリシーも徹底していて、子どもたちは牛や馬を育てたり畑を耕したりコンピュータのプログラミングをしたり、いろいろ体験しながら学びます」

４Ｈクラブは、農務省と各州の州立大学農学部が運営するアメリカ最大の青少年教育組織です。農業大国アメリカの農民たちがボランティアで次代を担う青少年を育成する目的で、１９０２年につくられました。子どもたちは、年間を通して学校では学べないプロジェクトを体験し、「生きる力」を学ぶのです。

こうしてみると４Ｈクラブは、ラボが行ってきた「子どもの自主性を伸ばす」という教育方針や、キャンプや国際交流活動を通して豊かな人間性を育むという基本的な方針に、まさに相応しい団体でした。

のち、２０１１年に行われた「国際交流40周年」の記念行事の折り、長くこの活動のトップを務めた当時のラボ国際交流センター代表平野昌和さんは、こう挨拶しています。「ラボはこの活動の当初から4Hクラブという素晴らしい団体とめぐり合えてラッキーでした。4Hクラブと交流を続けてきたことで、国内でも大きな信頼を得ています」

この言葉通り、4Hクラブとの出会いもまた、この国際交流が長く続いた理由の一つといって間違いありません。

・なぜ敵国の子どもを――

とはいえ、「古き良きアメリカの精神」を体現する4Hクラブとの交渉は、全てが順調だったわけではありません。この活動の準備段階で、アメリカの「古き」歴史を知る人たちが、「なぜ敵国だった日本人の子どもを受け入れるのか?」と反対意見を述べたこともあったそうです。

この活動が始まったのは、日本とアメリカが戦った太平洋戦争の終戦(日本の敗戦)から27年後のこと。太平洋の各地で日本兵と戦い、多くの仲間を亡くした「元アメリカ兵」もたくさん存命していました。アメリカは戦争に勝ったとはいえ、少なくない兵士が亡くなったり傷ついたりしたのですから、「その敵国人となぜ交流を」と考える人もいたのです。

けれど4Hクラブ内で「世界平和のため」、「次代を担う子どもたちの交流だから」と説得してくれる人がいたそうです。また交流開始後は、孫が日本の子どもと仲よくなる姿を見て、考えを改めてくれたおじいちゃんもいたとか。まさにこの交流は、世界平和への一歩でもあったのです。

またずっと後のことになりますが、2019年にはアメリカ・ワシントン州リッチランドという町にホームステイ(1年間留学)したラボっ子の高校生、古賀野々華さんのアメリカでの活動が、NHKニュースで報じられたことがありました。こんな内容です。

・無実の人々を殺すことに誇りを持つべき?

――古賀さんが留学したリッチランドは、戦争末期に広島と長崎に落とされた原子爆弾のプルトニウムの製造基地があった町でした。だからいまも、原爆の「きのこ雲」が町のシンボルであり、人々の誇りとしてあちこちに描かれています。学校の体育館の床にも描かれていました。

古賀さんはこのことに違和感を覚え、先生に相談して学校の「Broadcast(放送)」の授業で制作するYouTubeに出演し、自分の考えを述べました。

「私の祖父母は原爆が投下される予定だった小倉から約30マイルの町に住んでいました。けれど投下の日は曇りだったので、原爆は長崎に投下されました。だから祖父母は生き延びました。けれど長崎では8万人もの民間人が不当に殺されました。私たちは無実の人々を殺すことに誇りを持つべきでしょうか?」

さらにYouTubeの最後に、古賀さんはこう言いました。

「私が今日ここにいるのは、その日の小倉が曇りの日だったからです」

このYouTubeが流れたあと、いくつかの苦情が学校に寄せられたといいます。けれど彼女のホストファミリーであるサラ・ランドンさんは、

「彼女が立ち上がって、自分の意見を言えたことをとても誇りに思う」

と語りました。古賀さんも帰国後、

「たくさんの友人との思い出ができて良い1年だった」

と語っています。

このように、国際交流はけっして楽しいことや綺麗事ばかりではありません。古賀さんも留学当初は町のあちこちで見る原爆のきのこ雲に違和感を持っても、それに対する意見を英語で言える自信がなくて黙っていたそうです。

でも勇気を振り絞って思い切って発言してよかった、と語っています。彼女の発言により、リッチランドの人々は、「被爆者、被害者」という新たな視点に気付くことができたのです。

世界にはいくつもの視点があり、お互いの「誤解」は思いがけないところに残っています。

それらを一つひとつ乗り越えていくことこそ、真の国際交流だ——。

半世紀の歴史は、それを物語っています。

では、なぜラボは66年の誕生からわずか6年で国際交流を始められたのか。その裏にはどんな「歴史」があったのか。次にそれをひもといてみたいと思います。

2　人間教育をめざすラボ・メソッド

国際交流が始まる前年の71年、『ことばの宇宙』7月号にはラボっ子の喜びの言葉がはずんでいます。

「ラボランドはぼくたちの『村』だ。ラボっ子ならだれでも行けるし、これから毎年でかけていって、ぼくたちの手ですてきなラボランドを建設するのだから」

・「ラボランドくろひめ」誕生

この年のサマー・キャンプから、ラボは上信越高原国立公園内にある長野県野尻湖の近くに、約2万5000坪の土地を確保して30のロッジ（定員40名、計1200人収容）を持つキャンプ場「ラボランドくろひめ」をオープンさせました。

以降半世紀以上、「ラボランドくろひめ」は毎年夏には数千人が集まるラボっ子の「村」であり「ふるさと」であり、交流活動のシンボルであり続けています。多くのOB・OGにとっても10代の頃の思い出の地であり、自分の原点の一つと言う人も少なくありません。

ラボは誕生からわずか5年で自前のキャンプ施設を持ちました。それ以前にも、毎年夏には各地でキャンプ活動を行っていました。そのことが現在に繋がる活発な子どもたちの交流活動を支え、それが国際交流に繋がったことは言うまでもありません。

・ラボ誕生時からキャンプ活動を

ラボ教育センターが発行する『ラボ教育活動40年史表』によれば、最初のサマー・キャンプが開かれたのはラボが生まれて2年目の68年8月のこと。神奈川県横浜市青葉区にある「こどもの国」で1泊2日で行われ、３５４名のラボっ子と28名のテューター、そして26名のラボ・フレンドが参加しています。ラボは国内在住の外国人の子どもを「ラボ・フレンド」と名付けて、夏のキャンプを中心に交流活動を始めていたのです。

続いて69年のサマー・キャンプは、関東地区は長野県飯山市にある国民宿舎文化北竜湖山荘を舞台に、８月８日から16日まで８日間、約１０００人が４班に分かれて参加。関西地区は大阪府南河内郡千早村金剛山葛木神社で８月６日から８日まで２泊３日で開催。

70年には富士山をあおぐ朝霧高原・グリーンパークで16日間、約８０００人が参加。ここでもアメリカ人、オーストラリア人、インド人、インドネシア人、ポーランド人、中国人、韓国人、イギリス人等の「ラボ・フレンド」が参加しています。この時は途中で台風がやってきて大雨となり、近くの学校の校舎に避難したこともあったとか。そこから「自前のキャンプ場がほしい」という声があがり、後のラボランド建設に繋がったと語る元事務局員もいます。

ラボ・フレンドとの交流に関しては、キャンプだけがその舞台ではありませんでした。70年の夏には、国籍も年齢もばらばらな37人の外国人の子どもたちが、5月16日と17日、茨城県日立市と水戸市のラボっ子の家にホームステイしています。ラボはキャンプや行事を通して、外国人の子どもたちとラボっ子との「国際交流活動」を始めていたのです。のちにアメリカで実践されるホームステイの原型は、ここにもあったのかもしれません。

・来年はラボっ子がアメリカへ行く

そして「ラボランドくろひめ」の誕生を誇らしげに告げる前出の71年7月の『ことばの宇宙』のラボっ子の喜びの言葉の下には、次のような宣言も記されています。

「来年はラボ中学生がアメリカへ行く!
『ラボのキャンプをアメリカで開こう』と、いま先生たちがハリキッて計画をたてている。

第１回は１９７２年。アメリカへいくのはだいたい中学生で、全国から希望者をつのる」

誕生２年目からサマー・キャンプを開催し、そこにラボ・フレンドと呼ばれる外国人の子どもたちを招いて国際交流活動を始めたラボは、71年の「ラボランドくろひめ」という専用キャンプ場完成の翌年に、念願の海外での国際交流を実現させます。国内交流活動（キャンプ）の延長線上に国際交流があることは、この宣言からも読み取れます。

それにしてもラボの草創期はずいぶん独創的で精力的、情熱とスピード感に溢れた歩みです。当初世間からは「ひとりきりのホームステイ活動」に対して「危ない、大丈夫か？」という反応もあったといいます。

けれどテューターも事務局員も、めざす活動にまっしぐらでした。

それを可能にしたのは、すでに本書で語ってきたように、

•世の中の国際化の流れとそれに向けた教育熱の隆盛。
•家庭に埋もれていた女性（テューター）の能力の発掘と研修による研鑽。
•英語－日本語のラボ・ライブラリーが子どもたちに圧倒的に支持されたこと。
•創立直後からキャンプを行い、外国人の子どもとの国際交流活動も展開していたこと。

・創立時から会員数は急増し、5年目の71年には誕生時の10倍、約２５００パーティが全国に生まれ会員数も約4万人を数えていたこと、等々。

さらにテューターと事務局は、数々の研修活動の中でそれらを有機的に結びつけ、69年の段階で「ラボ総合システム」と呼ぶ教育体系を打ち出します。

その体系とは――。

・家庭での英語学習とパーティでのグループ活動の融合。その成果を発表会で披露して、その間の子どもの成長をテューター研修会で報告し学び合う（プロジェクトA）。

・キャンプ活動や交流活動を積極的に行い、その中に「国際交流」の要素を盛り込む。その延長線上に10代で異文化に飛び込む国際交流活動を位置づける（プロジェクトB）。

プロジェクトAはパーティを中心とする日常的な活動であり、プロジェクトBは長期休暇や週末を中心に行われる行事的活動である。この二軸が成立する中で子どもたちの人間的な成長が達成される――。

まさにそれまでの教育界にはない画期的でダイナミックな仮説が導き出され、全テューターによって実践されるようになったのです。

そしてその日から約４年。二度目の国際交流が成功した73年９月に、前出のラボ教育センター専務・谷川雁さんは、その「仮説」の手応えを「旅と旅じたく」と題して書いています。その要旨を抽出すると、

——行事活動を除いてラボ・パーティを考えることはできなくなった。４Ｈとの国際交流は中高生の活動にしっかり組み込まれ、小さな子どもたちの目標となっている。夏冬のキャンプもラボっ子にもたらすものは大きい。

その中でプロジェクトＡとプロジェクトＢが語られるようになってきた。

プロジェクトＡはライブラリーをもとにしたテーマ活動（ここでは「再表現活動」と書かれています。当時はそう呼ばれていました）とその発表。

プロジェクトＢは「ラボランドくろひめ」を中心とするキャンプ活動。ここでは年齢縦長の異年齢集団が打ち出された。そして73年から相互交流に発展した４Ｈクラブとの交流活動。これら国内・国際の交流活動を欠いたラボ活動を考えることはできない。

谷川さんは、「ライブラリー、テーマ活動、キャンプ活動、異年齢集団の形成」が確立されたことで、「ラボ活動の全体像がここに描きあげられた」と書きます。そして詩人らしく、古の偉人たちを列挙しながら、この全体像を「旅」という概念を使ってこう述べています。

「（ここで述べる旅とは）西行や芭蕉、行基や一遍のように、行く先々での人々との出会いの体験をとおして自分自身が成長してゆく、そういう生き方のことです。これはあらかじめ達成すべき目標が定められているわけではなく、体験との出会いから人間としての全体的成長をみちびくに足る内容を発見していく方法です。（中略）子どもたちと物語世界の出会い、これはいわば心象世界の中での旅です。私たち指導者は、この子どもたちの旅を作り出し、与え、成長に寄与するものです」

この言葉は、その誕生時に「ことばが子どもの未来をつくる」というコンセプトを生み出し、ラボ活動は単なる「英語教育」ではなく「子どもの未来づくりだ」、と打ち出したラボの、ある種の勝利宣言といってもいいと思います。その勝利とは、「未来をつくった」という結果ではなく、「未来をつくる道筋を示した」という、プロセスの発見者としての喜びです。
この文章に続き谷川さんは、四国のお遍路さんの例を出してこう書きます。

「あの（お遍路さんの）笠には『同行二人』と書いてある。お遍路さんには弘法大師が同行しているのと同じく、ラボの中には大勢の仲間がいる」

まさにその仲間とは、国内に４万人以上にも広がったラボっ子やテューターであり、さらに異文化に住む「もう一つの家族」たちです。それら全てを巻き込みながら、ラボ国際交流は果敢にもテイクオフしていったのです。そして半世紀続くいまも、その渦を広く深く鮮やかに成長させながら続いています。

ではその交流が半世紀の中でどんなプロセスを辿ったのか。どんな困難を乗り越えて今日に至っているのか。それを見ていきましょう。

3　国際交流半世紀の足跡

・子どもたちの安全を最優先に

この国際交流が初めて中止に追い込まれた2020年からのコロナ禍の中での対応を、交流活動の責任者を務める間島祐介さんが語ります。

「コロナ対策においても、ラボの対応は早かったと思います。条件が整えばアメリカに入国できることになった2021年には国際交流再開を決断して、1年間留学の高校生約20名が海を渡りました」

21年といえば、一般的には海外旅行はまだ難しいころでした。その中でラボは、「この交流を1年延ばせば参加を諦めなければならない子も出てくるから、手続きが大変でも行けるなら行こう」と判断し、1年留学プログラムから交流活動を再開したのです。

もちろん事務局員が心を削ったのは、コロナの時だけではありません。間島さんは日頃から、保護者やラボっ子を集めてのオリエンテーションの時に、必ずこう語ります。

「この国際交流で大切なのは、子どもたちが無事に帰ってくることが99％。残りの1％の中に『ひとりだちへの旅』の学びがあります。これまでの参加者約６万人の全員が無事で、死亡事故なしで今日まで続いてきたからこそ、この活動は半世紀続いているのです」

この半世紀の間、ラボの事務局員も現地のコーディネーターも全身全霊をかけて子どもたちの安全のために働いてきました。その積み重ねがあったからこそ、コロナへの対応も素早くできたのです。

・安全対策ガイドライン

この半世紀の歴史の中での主な「危機対応」を、この活動に約30年携わった前出の平野昌和さんはこう語ります。

「91年の湾岸戦争のときも２００１年のアメリカ同時多発テロのときも、いろいろ対策は取りましたが責任者として『中止という選択はありえない』と思っていました。参加する子どもにはその年でないと参加できない事情があります。安全対策を十分にとって保護者にも納得していただけるように説明すれば事態を切り抜けることができる。そう信じてやってきました」

２０１１年の東日本大震災の時も、震災が理由の国際交流のキャンセルは一人もいませんでした。こういう時だからこそ、我が子にはぜひこの交流を体験してほしい。そういう保護者が圧倒的だったと平野さんは振り返ります。

「普段の年は携帯電話は利用しないようにしていますが、この年は東北の子に限って例外として許可しました。国内移動に対する不安の声があったので、ラボからSNSに情報をアップして安全管理に気を配りました」

このようなきめ細かな対応が、この活動の安心安全に繋がっています。

・ホストファミリー集めの苦悩

もっとも、現在のこの交流活動においては、コロナよりも厳しい状況があると間島さんは語ります。それは、ホストファミリー集めに苦心していることです。

「コロナよりも現在のアメリカでは、物価の高騰とインフレがラボっ子の受け入れを躊躇させているという状況があります。2022年で物価上昇率は9%、23年も6%。ホームステイで子どもが一人増えるとそれだけ経済負担が大きくなるので、経済状況がホームステイ受け入れを厳しくしているのは事実です」

4Hクラブのメンバーは、基本的に田舎に住む一般市民であり、決して富裕層ではありません。物価の上昇は家計に大きく影響します。またコロナが鎮静化した現在、久しぶりに家族団欒を楽しみたいというニーズもあるとか。さらにアメリカ人の一部には、「コロナワクチンを接種した子を家庭に入れたくない」という考えもあります。急ごしらえのワクチンに対する信頼性が、日本とは違うのです。

そういう中で、現地のコーディネーターはホストファミリー探しのために細やかな労力を割いてくれています。アメリカでは受け入れ家族を決めるまでの手続きは非常に複雑です。全米教育旅行基準協会（ＣＳＩＥＴ）という組織があり、以下の手続きを踏まないとホームステイの許可が下りないのです。

――ラボ国際交流センターから届くホームステイ希望者の状況票（性別、年齢、趣味、健康状態、既往歴、アレルギーの有無等が書いてある）を見てホストを募集する。ホスト希望家庭のバックグラウンドとファミリーチェックをして、大人の無犯罪証明書をとる。コーディネーターが家庭訪問をして、受け入れ家庭に相応しいかチェックし、受け入れに情熱を持っているかインタビューする、等々。

「日本ではそこまでのルールはありません。テューターがラボっ子のファミリーを熟知しているから受け入れがスムースにできるのです」と、間島さんは語ります。

そういう状況の中でも、ラボはホストファミリーの条件を、この半世紀の間原則的に変えていません。

――ラボっ子は一家庭に一人で滞在。同性同年代の子がいること。

現在では、ホームステイ受け入れ団体は4Hクラブだけではなくなりました。4Hクラブ以外の団体が受け入れる州も増えています。

例えばユタ州では、2022年まで交流を受け入れてくれていたファミリー・エクスチェンジという団体から、新しく「ベアリバー・インターナショナル・エクスペリエンス」という団体に代わりました。コーディネーターのジェシカさんは、以前他の団体に所属していてラボっ子の受け入れをしたことのあるお母さんです。この活動に賛同してNPOをつくり受け入れ家族を集め、2023年は10名を受け入れてくれました。

この交流活動にとって、ホストファミリーを確保することは関係者にとっては最大の課題です。コロナ後も参加希望者は多いので、新しい州の4Hクラブとの交渉や新しい受け入れ団体の発掘等、事務局員は必死の努力を続けています。けれど間島さんは、真っ直ぐな視線でこう語ります。「ラボっ子にとって国際交流は親子の目標でもあります。現在最長で2035年の申込みの子がいますから、この活動はなんとしても維持存続させていかないといけないのです」

さまざまなトラブルがあってもそれを乗り越えてきた自信が、「この活動を続ける」という確信となっているのです。

そしてその確信が揺るがない一つの理由は、実はこの活動は間島さんの「原点」でもあるからです。

・13歳の夏の思い出

「ユウスケ、これが君が1カ月暮らした町だよ。いつでもここに戻っていらっしゃい。私たちはずっと君のことを待っているから」

１９７６年の夏、当時13歳の間島さんは、オレゴン州ユージンという町の４Ｈクラブのコーディネーターの家にホームステイしました。ホストの兄弟と遊んだり、家族旅行に行ったり、楽しいことが満載の１カ月でした。その最後の日にホストファミリーが連れて行ってくれたのは、町を見下ろす小高い丘の上。その光景が忘れられないと間島さんは語ります。

「あの日お父さんは確かに『いつでも帰っておいで』と私に言ってくれた――と、いまも信じています。言葉を超えて理解し合えることがあると私はあの１カ月で学びました。あの体験がなければ私はいまここにいることはないし、この仕事をやっていることもなかったでしょう。13歳の夏。それが私の一つの原点なのです」

だからこそ、間島さんは力を込めてこう語ります。

「この国際交流は、『この道の先のあの角を曲がると何があるんだろう』という好奇心に支えられています。現地に行って、風を感じて、異国の匂いを嗅いで、ハグの温かさを感じること。広い世界があると身をもって知ること。子どもたちには一度しかない人生で自分のキャパシティを広げてほしい。自分の尺度をずらすことで他の価値を理解することができる。物差しは固定されたものではない。ずらすことで人間が大きくなる。それらを異文化体験を通して多くの子に学んでほしいと思います」

ここにも一人、「あの夏がなければいまの自分はいない」と語るOBがいました。そしてその原点を大切に大切に心の片隅に置きながら、間島さんは国際交流を夢見る子どもたちを思い、北米、アジア、オセアニアとの交流に携わっています。

――すべては異文化に飛び込もうとする子どもたちのために。

それもまた、この交流の半世紀の肖像です。そんな大人が大勢いるからこそ、この交流は時を超えて続いていくのです。

・今後も「ひとりだちへの旅」を続けるために

さて、この章の最後に、関係者が語るこの交流活動の課題点を改めてまとめてみたいと思います。

・ホストファミリーの家庭状況は、共稼ぎ、シングルファミリー、多国籍ファミリー、ＬＧＢＴＱの家庭など多様である。アメリカ社会の多様性を理解することが大切。
・ラボっ子は事前活動を通して心の準備をしているが、精神的な未熟さや幼さが残るケースもみられる。ホストも異文化体験を求めていることを認識して、お互いにWin-Winの関係の構築を目指すことが大切。
・身体的ハンディ、食事アレルギー、発達障害児などの参加の場合は、ホストの理解が大前提となる。
・より深い異文化理解・相互理解の促進が必要。ホームステイは異なった価値観や考え方に対する寛容さや柔軟性が問われる。与えられた環境の中で有意義な時間を過ごすという姿勢が大切。

ホストファミリーは、ラボっ子をお客さまとして迎えるのではなく、家族が一人増えることと考えています。アメリカでは家族は自立した個人として扱われますから、自分の意志をしっかり示さないといけません。ラボっ子を楽しませるための受け入れではなく、家族で異文化体験を通して教育活動に参加したいというのがホストの基本的な動機です。ラボっ子も保護者も、過度な希望を持つことは慎まなくてはいけません。

これらは、この交流活動が始まった当初からの普遍の課題です。

通信環境やネット環境等が進化した現在だからこそ、ダイレクトな人と人の出会いや異文化と異文化の出会いはむしろ貴重なものとなりました。

もちろん異なる者同士が出会えば、そこにはある種の「摩擦」が生まれることは不可避です。

今日の世界を見てみれば、民族と民族、国と国の間の「摩擦」から悲惨な争いが起こっていることも事実です。それらをすぐに停止させるのは難しいことですが、明日の平和な世界を築くためには、私たちはもう一度自ら異文化を訪ねて、「摩擦」を解消するためにハグし合うところから始めなければならないのではないでしょうか。

この地球上に、異文化同士の「摩擦」はこれからも生まれ続けます。だからこそこの交流活動は、これからも普遍にあり続けなければいけないとラボは考えています。

ROWING TO ANOTHER DAWN

ラボっ子旅に出る。——第4章

英語力と社会力を獲得する

10代の感受性の豊穣さ
～言語的協働作業、
生き抜く力、
多様性を支える想像力

この章では、この国際交流活動の主人公である「10代」の魅力を綴っていきましょう。

国際交流が始まった1972年、谷川雁さんは「10代こそ、ラボの希望である」と書いています。そしてそれに続けて、

「10代は決して明るい時ではない。むしろ暗い。人生の最も暗い『夜明け前』にあたっているからだ。（中略）夜明け前だからこそ、何かをもとめる心が強い。光をもとめる力が強い。それが君たちの強さなのだろう」

と書きます。（『十代への手紙「夜明け前」のきみたち……』）

ラボ活動の中でさまざまな刺激を受ける10代の子どもたちが求めるもの。

この章ではその中でも「英語力」と「社会力（生きていく力）」の二点について、10代を生きるラボっ子が何を求め何を獲得しているのか。2人の大学教授の研究から記してみたいと思います。

1　英語を自分のものにするために

・伝えようとする気持ちは伝わったはず

２０２３年夏に国際交流を経験したラボっ子２人が、こんな帰国感想文を書いています。

初日は全く英語が分からないし、仲よくできるか不安だった。姉弟の会話を聞いたり、電子辞書をつかったりして英語力を伸ばすことをがんばった。私は正直、ペラペラ英語を話せるわけではない。ファミリーのコミュニケーションもたまに分からなくて、意味を聞き返すこともまだある。でも英語が伝わらなくても伝えようとがんばれば相手も理解してくれることを学んだ。伝えようとする気持ちが大事だと思う。最後の帰る日、みんなは何度もハグをしてくれたり、いつでもおいでとかI love you. とか言ってくれた。私も感謝の気持ちを伝えたくて泣きじゃくりながらも、下手な英語で伝えた。大半は伝わっていないかもしれない。でも確かに伝えようとする気持ちは伝わったはず。

吉村心美、高１、２０２３年マニトバ州（カナダ）（佐藤恵子パーティ・東京）

はじめは相手の話す英語が全くわからないし、自分の気持ちを英語にできなくて全然喋れなかった。でもホストや Mom Dad は私がわかるように簡単な英語にしてくれたり、私の話す単語から意味をわかろうとしてくれて、とても優しい人たちだと思った。ホストファミリーはよく私に質問するときにしっかりアイコンタクトをとってくれる。最初は相手の英語を聞き取るのに必死で、私は答えるのを急《せ》かされているように感じて相手の目をみれなかった。でも一緒に生活するうちに、相手は私の英語を理解しようとしてくれているると思えるようになって、ゆっくりでも自分のペースで自分の考えを伝えられるようになった。

渡辺穂美、中3、2023年ノースカロライナ州（本田パーティ・岡山）

子どもたちがホームステイ直後に書いた感想文には、言葉のことが最も多く書かれています。それは10代の子どもたちにとって、英語力こそ国際交流で最も身につけたい「光」だからに違いありません。

初めての異国の地でひとりきりで1カ月間、英語漬けの生活になるのですから、誰もが当初は不安ばかりです。けれどこの2人の手記にあるように、少しずつ言葉が通じるようになり、1カ月という時間の中で心が開いていく――。

そのきっかけは子ども同士の会話だったり、ホストファミリーの優しさだったり、アイコンタクトだったりさまざまです。決定的なのは「伝えようとする気持ち」を強く持つこと。そうすると身振り手振りも含めて、「自分の言いたいことが伝わった」、「相手の気持ちが理解できた」。そのような「成果」を書く子が多いようです。まさにこの変化こそが、10代の持っている「強さ＝しなやかさ」といっていいのではないでしょうか。

私にも半世紀前の10代の頃の記憶が鮮明にあります。ホームステイに入ってから、「〜をやりたい、〜を飲みたい、〜を食べたい」ということを伝えたいときに、「I like to drink something」、「I want to go somewhere」というふうに、「like」か「want」のあとに「to＋動詞＋目的語」を添えればいいのだということがわかってきました。文法的にはごく初歩的な不定詞の使い方ですが、確か学校ではまだ習っていなかったはず。現地の生活の中で必要に迫られて身につけた記憶があります。

このように、多くのラボっ子が経験する「1カ月という時間の中での英語力の変化」や、「わかるようになった、伝わるようになった」という感覚は、どういう状況から生まれているのか。それを学問的に研究した大学の先生がいます。

青山学院大学名誉教授の本名信行先生です。本名先生は社会言語学を専門とされ、国際異文化間コミュニケーション研究学会の会長も務められました。先生はこう語ります。

「ラボでは学校の英語の授業のように文法や発音、語彙といったものは教えていません。けれど学校では英語を使う練習をしていないのに対して、ラボはテーマ活動で物語の中の役になりきって『自分の言葉』として英語を話すし、国際交流で『この気持ちを表現したい、伝えたい』というアウトプット（＝表現の仕方）を鍛えていきます。子どもの可能性を引き出す力のあるメソッドだなと思いました」

・社会言語学

本名先生が専攻されている「社会言語学」という学問は、「言語・コミュニケーションを人間・文化・社会とのかかわりの中でみようとする応用言語学」と定義されています。先生はこう語ります。

「私たちは言葉を広く考えて、いかに言語を使って人間関係や社会関係を築いているかを学びます。英語は世界中で使われている言語だから、『世界諸英語論』と考え、シンガポールのなまり、インドのなまり、日本のなまりのある英語でいいという考え方です。英語は色々な国の文化の中に組み込まれて、その国の文化的特徴を反映しています。なぜなら各国の話し手が英語を自分の文化の中で学習しやすいように使いやすいようにアレンジするからです。そのプロセスの中で生まれてくるのがシンガポール英語でありインド英語でありニホン英語なのです。それらはネイティブの発音やイントネーションとは異なるところもあるけれど、言葉は使いこなすことが目標なのだから使わないと意味がない。英語をペラペラ喋るというのは、ネイティブ（英語を母語とする人々）の発音を物真似しているだけです。ネイティブにこだわることに何の意味があるのか？　と私たちは考えます。その点から、私はラボの持っているメソッドに注目しました」

本名先生は、学生時代からラボの教育プログラム（ライブラリーやテーマ活動）のことは知っていたそうです。英語を耳から聴いて英語劇をする団体として認識していたとか。２０１０年ころに本格的な出会いがあって、とあるパーティのテーマ活動をみてびっくりしたといいます。

「いくつか驚いたことがありました。子どもたちが木になったり小川になったりしてセリフを喋っている。ライブラリーを聴いて英語として受け入れて日本語と合わせて物語の世界に入る。自分がネイティブ英語の世界に入るのではなくて、英語を自分の側に引き込もうとしている。『人ごと英語』ではなくて『自分ごと英語』にしている。そしてテーマ活動でインプットした英語を国際交流で活性化させてアウトプットする機会をつくっている。これらは素晴らしいやり方だと思いました」

先生は、やがてラボにこう提案します。

――国際交流の1カ月間で交わされるホストファミリーとラボっ子の会話を録音して、どんなコミュニケーションが成立しているのか調べてみませんか。

異文化交流を研究テーマとする本名先生にとって、ラボの国際交流がもつ「10代の子どもがひとりきりでホームステイしながら英語力を獲得する」プロセスは、貴重な事例だったのです。

そして2010年と2011年の2回にわたってアメリカ、ニュージーランド、オーストラリアで1カ月間のホームステイをしたラボっ子7人とホストとの会話を録音し、その中から中学2年生の2人のデータを選んで分析しました。

本名先生が説く「世界諸英語論」では、日本人は日本語をベースに英語を学ぶのだから、身につくのは「ニホン英語」である、と考えます。だからネイティブのホストとのコミュニケーションでは、互いに協働して2人にとって意味がわかる「仲介言語」を作り上げていく。その具体的な様子をデータから分析してみようというのがこの調査の目的です。

この調査は、「Co-constructing English as a Lingua Franca、ラボっ子のホームステイの音声分析から」というタイトルで論文として発表されました。

異文化に飛び込んだ中学2年生のハルキくん（H）とタイセイくん（T）は、どんなふうにホストダディ（D）やマザー（M）とのコミュニケーションを深めていったのか。先生に解説していただきながら、その様子をみてみましょう。

※データ①参照（１３２ページ）

・ホームステイ中のコミュニケーション

このやりとりを聴いて、本名先生はこう分析します。

「Dがバンジョーを弾きながらある歌を口ずさんでいます。この会話のH２１３『Who make?』は、日本語の〝誰が（この歌を）つくったの〟を英語で言ったつもりです。『この歌』という目的語と『昔につくった』という過去形はHは語りませんが、この場の状況からDにはそれが理解できます。DはHの語る意味を理解して２１６『Who wrote that?』＝『誰がつくったという意味？』と聞き返します。するとHはおうむ返しに同じフレーズを言い、２１７『こういう時はこういうんだね』と理解しました。H２１９『I learn this song Labo』も過去形が使えていません。『ラボで』の『で』は省略されていま

データ①

213 H: Who make?

214 D: with my banjo on my knee (歌う)

215 H: Who make?

216 D: … Who make? Who wrote that?

217 H: Who wrote that?

218 D: I don't know who made that song up. It's a very old tune. Like ah, do you remember the nursery rhyme we did the

219 H: I learn this song, Labo.

220 D: Oh. you learned that at Labo?

221 H: Yeah.

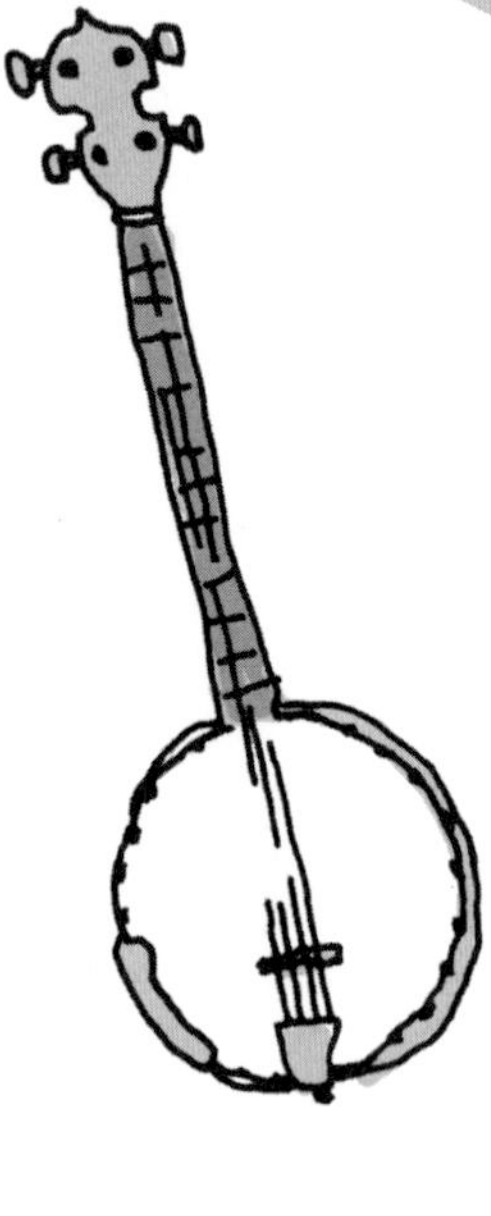

データ②

222 D:Ah, oh good. Oh Susanna, oh don't you cry for me.（歌う）

223 H: Foster?

224 D: For I come from Alabama with a banjo on my knee.（まだ歌っている）

225 H: Maybe Foster, nantoka.

226 D: Very old,American tune. Do you remember the nursery rhyme we did the other night? Starlight?

す。Dは220で『Oh,you learned that at Labo』と聞き返し、過去形と『at』を使った正しい言い方をHに教えます。DはHに会話の中で正しい構文を教えているのです。これを言語的協働作業と呼びます。Hは221で『Yeah』と言ってこの作業を終了します」
※データ②参照（132ページ）

「この会話ではHが作曲者の名前をFosterと思い出しました。けれど225では『Maybe Foster nantoka』と、フルネームがわからないので『nantoka』と日本語を喋っているのが興味深いですね。たぶん、Hは自分が英語を喋っていることを意識していないのではないでしょうか。英語も日本語も『自分の言葉』なので、自然に『nantoka』が出てきています。それでもDには言いたいことが伝わっています。Hも英語の語彙と発話の回数が増えれば、すぐに『Foster sombody』のように繋げていけるようになると思います」
※データ③参照（134ページ）

「ラボっ子の会話を分析してみると、言語形式としては単語（語句）を並べるだけで意志を伝えようとすることが大半で、会話が文章になっているものは少ないです。けれど単語の羅列でも意志をかなり明確に伝達しています。パーティでのテーマ活動で英語での会話

データ③

1 D: All right, looks like we're recording.

2 H: Oh. no.

3 D: Haruki say "Hi".

4 H:Good night.

5 D: Good night (laughs). All right.

6 H: Hello

データ④

99 D: But they weren't a hot dog.

they were bigger than a hot dog.

You remember the name?

100 H: Name? No.

101 D: Jenny, help.

102 J: Ah, they were called brats.

103 H: Brats?

104 D: Short for bratwurst.

105 H: Bratwurst.

106 D. But we just call'em brats.

107 H:Brats.

に慣れているからか、ホームステイ先でも身構えたり固くなったりしないようです。たとえばデータ③では、Ｈのユーモアがかの好感を呼んでいることがうかがえます。

Ｄ１、『これから録音だぞ』に対してＨはわざと『Oh,no』＝『嫌だ』と応じ、Ｄ３、『Hiと言いなさい』に対しては、わざと『Good night』と返します。それをＤに笑われると５、今度は『Hello』と言い返す。このやりとりからは、Ｈの緊張感や不安感は感じられません。日本での気心の知れた大人（親戚のおじさんや仲のいい学校の先生のような）とのやりとりそのままです。英語だから特別な振る舞いをしなければいけないという意識もなく、素直で正直な気持ちを何気なく英語で言っている様子です。

このことは会話の維持継続と人間関係の強化につながります。仮にＨが２で頷いただけで終わればＤの３、５の発話にはつながりません。またＨのユーモアや自然体も、２人の会話の広がりを生んでいます。Ｄとの豊かな会話の中で、Ｈは日々新たな言語や構文を獲得しているといえます」

※データ④参照（１３４ページ）

「ホームステイはラボっ子にとって重要な学習の場です。最も単純なものは単語の学習です。ここでの会話では、彼らが食べたものがホットドックではなくbrats（豚肉ソーセー

データ⑤

216 D: …We did not talk. um, I did not ask you,
yesterday,about, about food.
Or,are is there. I ask the question, are there.
Is there food that you do not like?
217 T:Do no like?
218 D: Yeah. Is there food you no like?
That you do not like?
So things that we have in New Zealand,
um. like um milk, or maybe bread, is there.
I ask the question, is there food that you do not like?
219 T:Ah.
220 D: In New Zealand.
221 T:I don't like peanuts.

データ⑥

140 D: Okay, so you cannot understand his English?
Or what can you not understand?
141 T: What can. eh…I can't. eh, teacher's talk,English.
142 D: Right.
143 T: Er…
144 D: And you cannot understand him?
145 T: Yeah.
146 D: You do not understand him. Okay.
147 T: Fast.
148 D: Yeah.

ジ）であることをＨは知りました」

・ホームステイの環境が大切

「ラボっ子の英語力がホームステイ経験で開花するためには、ホストファミリーや地域社会を中心とした教育的な社会環境が重要です。ここでみてきたようなハルキやタイセイのホストファミリーは理想的です。ラボっ子の話す英語に注意深く接して、その意味を共有しようとしてくれます。正確な英語であるよりも、ラボっ子と共有できる英語表現を協働で探していきます（言語的協働作業）。ホストファミリーはラボっ子の英語力、コミュニケーション力を引き出しているのです」

※データ⑤参照（１３６ページ）

「ホストのDadやMamに求められるのは、ラボっ子を見守る姿勢です。ラボっ子が２１７で文法的におかしな英語『Do no like?』を使っても、それに共鳴して２１８で『you no like?』と正しい言い方をさりげなく示します。さらに『that you do not like?』と言いもどして、さらに『is there food that you do not like?』と聞き返しています。これを受けてＴは２２１で『I don't like peanuts』と正しい構文で答えています。

ここにDがTの正しい構文を引き出すプロセスがみられます。ホストDadとMamがラボっ子の英語を理解する能力は極めて重要です。ラボっ子の語る不十分な（単語だけであるような）表現の意図をホストファミリーが理解すればコミュニケーションの継続につながり、ラボっ子の会話力拡大につながります。ホストとゲスト（ラボっ子）はネイティブとノンネイティブの違いを乗り越えて、コミュニケーションが成立します」

※データ⑥参照（１３６ページ）

「ここではDがTのYes/Noの返答について、適切に処理していることがわかります。Yes/Noの構文は、ノンネイティブにとっては難しいものの一つにあげられていて、往々にして誤解のもととなります。１４５でTはネイティブ英語ならば『No』と表現すべき所を、日本式に『Yeah』と答えています。ここでDは、Tがネイティブ的には逆の答えを言っているのではないかと考えて、１４４と１４６で2度『確認』し、誤解のないようにしています。１４６で再度『You do not understand him, Okay?』と質問し、最後に『Okay?』＝それでいいんだね？と念押しまでします。そしてTの『Fast』＝『喋り方が早いから』という答えを引き出して、会話は捩じれずに進みました。このような相互確認こそ、ネイティブとノンネイティブの会話の重要な要素となります。この会話を繰り返すことで、

Tもネイティブの Yes/No の正しい答え方が理解できてきます」

・英語は自分のことを話す言葉

「英語教育では以前から、学習者のアウトプットの重要性が語られてきました。ラボっ子のホームステイはまさにこの実践です。それだけでなく、ラボではテーマ活動において物語を身体と心で表現しようとします。しかも母語を十分に使いながら英語で表現する。この訓練は子どもたちの言語運用能力の育成に大きな役割を果します。ホームステイはテーマ活動でのインプットに拡張的な刺激を与えて創造的なアウトプットとして現れるのです」

この調査報告を踏まえて、本名先生はこう語ります。

「この調査でわかったことは、ラボ活動で培ったラボっ子の英語力（社会力、異文化調整力を含む）はホームステイで開花のきっかけが与えられるということです。この調査では、そのインプットが拡大して創造的なアウトプットがなされることの『萌し（きざし）』が報告できたと思います。このプロセスをさらに有意義なものにするためには、ホームステイの成果を日常のラボ活動にフィードバックすることです。自分なりの英語でいいのです。

中学高校年代にもっともっと英語で発信・表現する機会をつくることが大切でしょう」

・言語学の泰斗（たいと・その道の偉大なる人）鈴木孝夫先生の言葉

本名先生のこの調査報告を受けて、もう一人紹介したい言語学者がいます。その先生は、ラボの教育プログラムのことを、かつてこう語ってくださっていました。

「（ラボの）何がいいかといえば、まずことばを言うだけでなく、ことばと身体が一つの表現になっているのが素晴らしい。小さな子たちが大きなお兄さんやお姉さん達と一緒に動きながら表現しているのも好ましい。（中略）今のラボは、ことばと生活、ことばと文化、ことばと身体、母語と外国語等々というように、総合的・全体的にことばを考えるようになってきている。（中略）だから子どもたちの英語も、もちろん日本語も、そして身体表現も全てが自己表現になっている」（ラボ・パーティ研究19号）

ラボの活動を見て、こう語ってくださったのは慶応義塾大学名誉教授であり、言語学の泰斗と言われた鈴木孝夫先生です。先生は１９７３年（ラボの国際交流が始まって２年目ですね）に岩波書店から『ことばと文化』という本を出し、ことばはその民族が持つ固有な文化と深く関わっていることをわかりやすく説かれました。その本は半世紀を超えたいまも売れ続ける大ベストセラー超ロングセラーです。本名先生は学生時代にこの本を読んで社会言語学に目覚めたのです。こう語っています。

「それ以前はイギリスやアメリカの社会言語学を学んでいましたが、鈴木先生の『ことばと文化』を読んで日本でも社会言語学があるのだと知って、日本の社会と言語の関係を研究して段々と異文化間コミュニケーションの研究に入っていきました」

つまり鈴木先生は本名先生の師匠にあたる方なのです。

鈴木先生は、ラボが外国人のネイティブ講師を使わないことに関しても、以下のように語っています。

「ラボのいいところは、いわゆるネイティブ・スピーカーの外国人講師を使っていないことです。英語はいまや英米だけのものではありません。私は英米の言語としての英語ではなく、国際共通語としての英語という考え方を30年以上前から提唱してきています。この考え方に立てば、いわゆるネイティブ講師は不要となります。（中略）彼らは英語を自然習得しているから、それを学ぶ外国人の苦労というものがわからない。だからネイティブ講師ほどパターンプラクティスに走りがちになる。（中略）アメリカ人に媚びたような英語を学ぶ必要はないのです。日本人をアメリカ化するのではなく、英語のほうを日本人に

合うように変えていくことが求められているのです」（ラボ・パーティ研究19号）

本名先生が語る、ラボっ子がホームステイ中に獲得する「自分英語の大切さ」は、鈴木先生が約30年前から提唱されていた「国際共通語としての英語」という考え方からきています。ネイティブの発音やイントネーションを真似るのではなく、ホスト（ネイティブ）とラボっ子が意志を伝え合おうとする時に生まれる「言語的協働作業」こそが、異文化理解においては大切だという考え方です。

こうしたプロセスを経て、「ひとりきりで異文化に飛び込んだ」10代のラボっ子は、相手と意志を伝え合う英語力を獲得していきます。それはまさに、10代が持っている「しなやかな強さ」の賜物といっていいでしょう。

※なお、本名信行先生は２０２２年10月21日、鈴木孝夫先生は２０２１年２月10日、共にご逝去されました。謹んでご冥福をお祈りいたします。

２　生きていく力＝社会力を獲得する

・社会力＝生きていく力

次に、一連のラボ活動の中で10代が獲得する「社会力＝生き抜く力」に着目している先生をご紹介しましょう。筑波大学名誉教授で、筑波学院大学学長、日本教育社会学会会長、つくば市教育長などを歴任された門脇厚司先生です。

門脇先生のご専門は「教育社会学」です。その研究内容は、

・この世に生まれたヒトの子どもはどのようにして健全な社会人になっていくのか（社会化の過程）

・教育を受けることが社会でどのような結果をもたらすのか（学歴の機能ないし効用）

この２つを主な研究領域として、現代の若者たち（子どもも含む10代）がどのような人間に育っているか、についてさまざまな調査研究を行ってこられました。

１９７６年から97年までは、東京都の委託で「東京都青少年基本調査」を３年に１度、計８回、25年間続けてこられました。それはラボの国際交流が始まった頃からの四半世紀

に当たります。ラボっ子が国際交流で海を渡るようになった頃、世の中の「青少年（つまり10代）の変化」はどんな様子だったのか。門脇先生はこう語ります。

「東京都の調査を続けている間、私は子どもや若者たちにどんな変化が見られるかを報じた新聞や雑誌の記事、役所の調査結果などを集めてスクラップノートをつくりました。82年から２００９年まで50冊スクラップして、約30年間子どもたちの変化を観測し続けてきました。それらを通してわかってきたのは、この間子どもたちの社会力ががたがたに崩れているという事実でした」

この時代に、巷ではさまざまな事件が起きました。コインロッカーに幼児の死体が捨てられていた事件（73年）、16歳の孫が祖母をナイフで刺した事件（79年）、浪人中の予備校生が両親をバットで殺害した事件（80年）、公園で中学生10人が浮浪者を襲撃して殺害した事件（83年）、等々。

こうした事件に関する記事や論評を、先生はノートにスクラップしながら、子どもや若者たち、つまり10代の異変について考察していったのです。

そして先生は、この時代の10代について、「他者と現実の喪失が甚だしいこと」と指摘しています。

「引き籠もりという現象が広く語られるようになってから、他者とかかわりのもてない、自分の部屋から出てこない、自分の価値観から出て行けない、人と交われない、よりよい社会をつくろうとするエネルギーがなくなっている、ひと言で言えば社会力のない若者が増えたのです」

・ラボと出会った驚き

そんなことを考えていたときに出会ったのがラボだったと言います。その時の驚きを、先生はこう語ります。

「2000年の春にラボとの出会いがあり、初めてパーティ活動や発表会を見させてもらって驚きました。こんな凄いことをやっている団体があったのか！　と。私はラボメソッドと呼んでいるのですが、パーティ、ライブラリー、テーマ活動、キャンプ、国際交流、大きくこの5つがその柱で、それらが有機的に繋がっています。その中で育つラボっ子は、パーティでは異年齢集団で活動し、テーマ活動では多くの人とディスカッションを行って物語に入り込んで多様な登場人物を演じます。その延長に異文化の人々と交流する国際交流があります。文化も言葉も違う国で、こういう人もいるんだ、こういう生き方もあるんだということを体感する。ラボ教育メソッドはすごいことをやっているなと思いました」

そこで先生は、このメソッドから育ったラボのOB・OGたちが社会に出てどんな人間になっているか。そのことを調べるために2014年からラボのOB・OG訪問を始めます。

社会人となったOB・OGに対して、「現在のあなたの仕事や生活の中でラボ体験はどのように息づいていますか?」というインタビューを行うことで、ラボメソッドの効果や大人になってからの影響力を調べようという試みです。先生は21人のOB・OGへのインタビューを重ねられ、その結果を『社会力育ての現場を訪ねて―ラボ教育メソッドの魅力と価値』として冨山房インターナショナルから上梓されました。ここでは同書の中から、その何人かの答えの要旨を掲げておきましょう。

(プロフィールは氏名、生年、ラボ在籍期間、パーティ名、仕事、経歴等、いずれも2020年の刊行時、一部筆者要約)

・OB・OGたちの中に息づくラボ

◉河野淳子さん、1972年生まれ、8歳から20歳まで、田中三保子パーティ、全日本空輸入社、結婚退職後、専門学校での講師等を務める。

「自身の核になっているのは人間味です。人と触れ合うことが大好きです。ＣＡ（キャビンアテンダント）は女性の多い特殊な世界です。初めての人とメンバーを組んで飛ぶことも多いのですが、私には苦手の人はいませんでした。その人の良いところを探すことで誰とでも仲良くなれたので、皆に可愛がっていただけました。こんなこともありました。あるフライトで飛行機が雪で遅れ、ご立腹のビジネスマンがいらっしゃいました。その時私は、この人が降りるまでに絶対に笑顔にしてみせると思って、何度も話しかけました。最後にその人は笑顔で、『今日のフライト楽しかったよ』と言ってくださいました。その時その人の気持ちがよく分かるからできたことなのだと思います」

◉芹澤健一さん、１９６２年生まれ、３歳から20歳まで、芹澤パーティ、世界のアウトドアツアーを手がけるアルパインツアー代表取締役。

「（世界の山旅を行う）ツアーリーダー業務では、最初に成田空港で参加者に出会った時からストーリーが始まります。お客さま一人ひとりに満足していただけるツアーにするためには、多くの要素を総合的に組み合わせた作業がともないます。それぞれの国の歴史や文化、民族などは異なります。また地元の人たちの協力が欠かせません。旅の物語をどう演

出するか、まさにテーマ活動です。（中略）
仕事上英語を使うことも多いのですが、流暢な英語よりも『心で聞き、心で話す』ことを心がけてきました。これも中学1年生の時のホームステイ体験が原点になっています。ろくに英語も話せない12歳の少年が、ひと夏のホームステイ経験で学んだことは、物事を伝えるのは相手の気持ちを知ろうとすること。自分の気持ちを伝えようとする『心』が大切なのだと、あの時に何かしっかりとした確信を体験したのだと思います」

◉藻谷浩介さん、1964年生まれ、8歳から17歳まで、廣林パーティ、日本政策投資銀行→（株）日本総合研究所、地域エコノミスト。

「いまでもよく覚えているのは『国生み』の冒頭の〝がらんどうがあった〟を身体でどう表現するかです。みんなで手を繋いで、中に穴の空いた輪を作るというのを誰でも考えるのですが、それではがらんどうに見えない。そこで皆が端に固まって、何もない真ん中をうつろに見ている表現を提案しました。『がらんどう』そのものを演じるのではなく、外側からがらんどうを見たらどうかと考えてみたわけです。格好よく言えば、今で言う『メタ思考』です。陽があるから陰もあるという、構造的な把握ですね。後に『デフレの正体

—経済は人口の波で動く』（角川新書）とか『里山資本主義—日本経済は「安心の原理」で動く』（角川新書）といった本を書くにあたって活かしたのもこうした見方で、そんなことも テーマ活動をしながら学んだように思います」

◉若田光一さん、1963年生まれ、7歳から14歳まで、92年宇宙開発事業団（現JAXA）が募集した宇宙飛行士の候補者に選ばれ、合計4回の宇宙飛行。総宇宙滞在時間は347日8時間33分（2020年現在）。現・JAXA特別参与・宇宙飛行士

「振り返ってみると、ラボでのさまざまな体験がその後の私の基盤になっていることに気付きます。私がコマンダー（ISS船長）として心がけたことや実際に取り組んだことは、ラボっ子時代にテューターや仲間と過ごす時間で学んだことだったようにも思います。テーマ活動を成功させるには一人ひとりが自分のセリフをしっかり覚えて、チーム全体でいいものをつくっていこうという意識が必要でしたし、その過程でテューターの役割が重要であることにも気づきました。子どもたちの士気を高め、子どもたちが自然にやる気を出すような工夫をしてくれていました。そんな体験から、自分もチームをまとめるにはコミュニケーションが大切だと感じました。良好なコミュニケーションなしにチームのパ

フォーマンスが上がることはありません。（中略）重要なのはお互いの信頼関係です。『和の心』は大切ですが、最初から妥協点を目指すだけでは真の信頼関係は生まれません。しっかり議論し、最終的な解を出していくことが肝要です。色々な国の方々と仕事をしますが、最初から論点を明確に示さずに『まあまあ』などと安易に譲歩するようでは仲間からリーダーとして認められません。文化や習慣の違いでぶつかることもありますが、相手に自分の論点を理解してもらえるよう、粘り強く努めることが重要です」

・ラボで育つ8つの能力

こうしたOB・OGたちからの声を集めて、門脇先生はラボっ子たちがラボ活動の中で培い、育てている能力とはどんなものか。「同書」では、8つの能力をあげています。その要点を解説していただきました。

1——社会力

「社会力」とは、人が人とつながって社会をつくる力。誰とでもいい関係をつくることを心がけながら、よりよい社会をつくろうという意識を持つ力です。現在のように世界的な紛争が続いたり、大きな災害が起きたりした場合には、地球の裏側にいる人、会ったことのない人、これから生まれてくる子どもたちの未来をも想像して今自分は何をしたらいいか、日々どう行動するかを考えられる力と言い換えてもいいでしょう。どうすればそれが実現できるかを考え、それを実行に移すことができる能力。その根本には、他者に対する強い関心があり、愛着心と信頼感があることが前提だと思います。

⇓（ラボのメソッドでいえば）パーティでの異年齢の人と関わり。キャンプで大勢のラボっ子と合宿生活し、ホームステイで異国の人たちと交流する。テューターや大人ともつきあう。その中で社会力が培われる。

2——人間認識能力

これは、人という生き物は一般的にどういう状況でどのようなことを考え、どういう行動をとるのかを理解する力です。ラボメソッドでは物語に入り込み、さまざまな登場人物になりきって演じることで、多様な考え方を身につけます。人によっては異なる行動をとったり、異なった考え方をしたりすることも、ラボっ子は物語の中で理解していきます。だからどんな人間に対しても信頼感を持つことができ、異国や異文化圏の人たちに対しても寛容であり許容度も高くなります。

⇓物語の世界で人間一般について具体的なイメージを形作ることができる。パーティ、キャンプ、テーマ活動などで様々な人と出会い行動を共にする。

3――異質許容能力

多様性を容認する力。いわゆるダイバーシティです。この地球上に、一人として同じ人間はいない。全て異なる個性を持っているということを、ラボっ子は物語の中や異文化交流、異年齢交流、国内キャンプ等で学びます。その結果、異なる言語、文化、人種、民族、宗教の人たちを偏見や差別意識を持つことなく素直に受け入れることができる資質能力が育ちます。人間の多様性を当然のこととして受け止め、受け入れる能力を備えることができるのです。

⇓物語世界の中で、太古の時代からの人間の生き方や考え方を知る。異文化での生活体験を通して、異なる文化や人種に対する理解を深める。

4――状況適応能力

生活する空間の変化や置かれた状況の変化、自分が置かれた状況に応じて自分がどう行動したらいいかを考えて適切に対応できる能力です。ラボっ子は物語の中で危機に陥る主人公や登場人物を演じながら、その時の状況に応じた行動や判断能力を身につけます。また物語体験を通して、「私は必ずこの状況を克服できる」という自信を持つこともできます。異文化も含めて、どこに行っても慌てないという度胸も育ちます。

⇓キャンプやテーマ活動、外国でのホームステイなどを通して、ハプニングを受け止め、適切な行動をするために状況判断する。

5――英語運用能力

ラボの良き理解者だった哲学者の鶴見俊輔さんは、ジョン万次郎のことを「彼は英語を正式に習ったことはない。耳だけでマスターした。けれど相手に意志が伝わる英語を喋った」と語っていました。ラボっ子にも同じことがいえると思います。流暢な英語を駆使するよりも、不十分な英語でもそれを使ってきちんとコミュニケーションできる能力。「修羅場に強い英語力」を持っています。いざとなったら身振り手振りはもちろん、時には日本語を交えて話したり、自分で即興でつくった英語を使ったりしながらもコミュニケーションを成り立たせる能力が身につきます。

⇓ライブラリーを繰り返し聴くことで英語への親近感を募らせる。英語の「絶対音感」を育てる。

6——他者協働能力

宇宙飛行士の若田光一さんが語っているように、さまざまな他者と一緒になり、協力して物事をなし遂げることができる能力と、そうすることを喜びとする心性を持っているのがラボっ子です。どんな人とも仲良くなれる。誰でも信頼できる。キャンプやパーティ活動でそれが養われるのでしょう。

⇓異年齢集団でテーマ活動に取り組み、アイデアを出し合い、合意を取りながら発表にこぎつける。終われば達成を喜ぶ。結果を振り返り次の機会に繋げる。

7――社会貢献能力

世界を震撼させる紛争や災害が起きたときに、そこから逃げるのではなく、社会をいい方向に変えようとする力を発揮すること。そういう力や考え方がごく自然に備わっているのがラボっ子だと思います。ＯＢ・ＯＧたちを見ていると、社会のためになることをしたい、弱者や恵まれない境遇にある人のためになることをやりたい、途上国の恵まれない人のために働きたい、世界平和に貢献したい、等の思考と活動を実践する能力を感じます。
⇒ラボ教育センターは創業時から「よりよい社会を作ることに参画できる人間」を育てることを目標にしていた。テューターが折々に期待を込めてその理念を話していた。

8――意見表明能力

ラボのテーマ活動を見ていると、どんなに小さな子でも自分の意見を表現します。誰に対しても臆することなく、はっきりと自分の考えや意見を言葉にして伝えることができる能力は、異年齢集団でも上下関係がないというパーティ活動やキャンプなどで培われたものでしょう。自分の思いを言葉と身体で表現する力や自分の意見を素直に言える力があるのは、他者の意見を素直に聞き受け入れることができる能力が身についているからでもあります。

⇓テーマ活動では異年齢集団の中で、どう表現するか、どう動くかを考えて意見表明する。

門脇先生は、ラボっ子たちがこのような能力をすでに獲得していると言っているわけではありません。このような望ましい能力を獲得できるようなメソッドがラボにはあると語っているのです。

たとえば「はじめに」で紹介したキラリちゃんの文章からは、「自分の夢よりも大切な人のことを思う想像力」が読み取れます。1章で登場した「怜奈」さんは、異年齢集団の中で年下でも堂々とリーダーを務めていました。この章に登場したOB・OGたちの文章からも、逞しい社会力が読み取れます。

門脇先生は、多くの難問難題を抱え、先行き不透明な人類社会の未来において、これらの能力は絶対に必要とされる資質である、と書いています。まさにラボは、総合的な人間教育の場として、豊かな社会力を養う舞台でもあるのです。

ではこの章の最後に、現在の10代のラボっ子たちはその活動の中でどんな社会力を身につけているのか。ラボから何を学んでいるのか。そのことが垣間見られる作文がありますので、それを見ていきたいと思います。

3　ラボっ子が現在進行形で身につけている社会力

- **「ラボの魅力」を作文に書いてみた**

2021年の5月。ラボの広島地区合宿で「作文教室」を開催しました。

そのテーマは「ラボの魅力」。

これまで経験したパーティ活動、テーマ活動、キャンプ、発表会等何でもいいからその魅力を「ラボを知らない人」を読者として書く試みです。

やがて生まれてきた作品には、門脇先生が主張される「社会力」が見事に描かれています。10代のラボっ子たちは、さまざまなラボ活動を通して生きていく力＝社会力を身につけている。あるいはその萌芽がある。その様子をご覧ください（子どもの学年は当時）。

◉「ラボの魅力～ラボで学んだたくさんのこと」

長沼隆太、小6、津森パーティ

——2021年のコロナ禍でのウインターキャンプでのことでした。このキャンプでのテーマ活動は、「ジョン万次郎物語〜黒潮に流されて」です。ぼくは新しく友だちになった人と協力して、万次郎たちが黒潮に流される場面をみんなと考えて表現しました。ぼくはこの話で、万次郎と共に漁に出た五衛門の役をしました。流されて必死にあせる気持ち、親とはなればなれになって悲しむ気持ち。仲間とケンカする場面の表現。これら全ての表現を全力でやり通せたのは、共に活動した仲間がいないとできないことです。この時ぼくは、仲間と共に活動できる喜びを感じることができました。

◉「ラボの仲間の大切さ」

益田修次、中2、益田パーティ

——他にも仲間というのは、ラボっ子だけでなく、ラボっ子のお母さんたちも大事な仲間だと思っています。なぜなら、いまパーティの仲間がどんどん増えていっているのですが、これはラボっ子のお母さんたちのおかげといっても過言ではありません。ラボっ子たちをいつも見守ってくれていますし、まだラボを知らない人にもラボの魅力を教えてくれています。だからこそ、ラボっ子のお母さんたちも、パーティの大事な仲間だと思っています。

◉「ラボの魅力」

岸本小春、小3、山口パーティ

私がラボの魅力と思うところは6つあります。（中略）

3つ目は、自分が思っていることを自由に話せることです。テューターや中高生が優しく、たくさん声をかけてくれるからです。

4つ目は、人とのかかわりかたがうまくなることです。ラボでは人とかかわることが多いので、人とのかかわり方がうまくなります。

5つ目は、どんな人とでも楽しくできることです。あまり英語がわからない私でも、中高生がいつも助けてくれるので、どんな人でも楽しめると思います。

6つ目は、発表会をすることです。ラボではお話し広場があります。パーティで色々な人に発表します。ここでみんなと協力するので、自分の自信にもなるからです。

みなさんもぜひラボを見に来てください。

◉「ラボの宝物～ライブラリー」

角田碧結弥、中2、稲田パーティ

私が今までラボ活動をしていたなかで、一番凄いなと思ったのは、幅広い種類の幅広い世界のお話があることです。

みなさんは『はなのすきなうし』というお話を知っていますか？　角で突き合うのが好きな周りの牛たちとは違い、花の匂いをかぐのが好きな牛、フェルジナンドを描いたスペインのお話です。（中略）ライブラリーは、世界中のお話を英日で訳したＣＤのことです。お話を体を使って表現する「テーマ活動」も、ライブラリーの中からお話を選びます。ライブラリーのすごいところは、英日でただ訳して朗読するだけではなく、波の音や鳥の鳴き声、剣が交わる音などが場面の背景にはいっているところもまたすごいところです。イメージで言うと、シチュエーションＣＤと近いと思います。それくらい自然と情景が頭に浮かんできます。

一般社会から見れば、ラボは変なところだらけだと思います。しかしライブラリーを聴いて頭に浮かんだ情景を体で表現して発信する、この想像力と表現力は学校では簡単に学ぶことはできず、これからの社会で一番と言っていいほどに必要とされている力です。私はそういうところがラボの魅力であり、また、これからも守り続けなければいけない宝だと思います。

◉「秘密がたくさんあるラボ」

中村亮太、中1、佐伯パーティ

――国際交流では、ホームステイ先のホストやホストファミリーと仕事や遊びをして、ステイ先の国になじめることが大切だと思います。だからテーマ活動という名の劇で、外国の物語にふれあい、考えて動いて、セリフを動作と一緒に覚えるのだと思います。

家で英語を覚える時も、ただ単に単語、文章を書いて覚えるよりは、物語の会話、ナレーションを聞いて覚える方が、日常的にも使えて、頭に入ってきやすいと思います。ぼくはそれが大きな秘密だと思います。（中略）

テューターという先生は、学校の先生とはちょっと違います。学校の先生は教室の黒板で皆に教えているけど、ラボの先生はお母さんに近い存在です。なので英語を教えてもらうのではなく、支えてもらって、自分で勉強、もしくは友だちと一緒に学びます。そんな人たちがいることもラボの秘密だと思います。

●「感謝」

伊藤由紀子、中2、山口パーティ

私にとってラボは、魅力がたっくさんあります。（中略）

3つ目は、素の感情を出せます。皆で演技する中で泣いたり笑ったり、怒られたり後悔したり、色々な感情が出るからです。

4つ目は、自分を変えることができます。ラボは私自身を変えてくれました。入ったころは、人見知りで人前に出てしゃべったり感情を入れてしゃべることが大嫌いでした。でもこの状況を変えてくれたのはラボです。年をかさねていくうちに、はずかしいと思うことがなくなりました。それは高校生、大学生の姿を見てかわることができました。

5つ目は人をまとめる力がつきます。ラボには、大きくなるにつれて人をまとめる場面が増えてきます。そのたびにリーダーシップをとれるようになっていきました。

6つ目は、英語を使うことが本当に大好きになれます。お話で出てきた英語を授業などで使われると「あ、一回ラボで話したことがある」と思い、よりその単語や文章を覚えたくなります。

７つ目は達成感を得ることでできます。皆でつくったお話は、簡単に発表することはできません。だからこそ、完成した時に得るものは、本当にたくさんあります。

８つ目は、自分に足りないところを皆の力で協力することでうめることができます。私に足りないところは、集中力が足りないところです。こういうところを私の同級生は、うめてくれます。だから私は、その同級生に感謝の気持ちが一杯です。

これらの作文には、10代の子どもたちの素直な感情が綴られています。

「テーマ活動で仲間と表現の仕方を考えた。仲間と活動できる喜び」

「ラボっ子のお母さんも大切な仲間」

「思っていることを自由に話せる。お兄さんお姉さんが優しい。どんな人とも楽しくかかわれる。みんなと協力して発表すると自信になる」

「ライブラリーの情景を表現する想像力と表現力は学校で学べないもの」

「国際交流では仕事や遊びを一緒にやる。テューターはお母さんに近い。支えてくれる。英語を友だちと一緒に学ぶ」

「素の感情が出せる。人間が変わる（成長する）。人をまとめる力がつく。英語が好きになる」

どの作文にも、他者とかかわりあい、他者を認め合い、他者に感謝し、自分も変わっていく（成長していく）様子が綴られています。まさに門脇先生が語る「社会力」がここで得られている様子がよくわかります。

こうしたラボ体験を積み重ねる中で、10代のラボっ子たちは「生きる力＝逞しさ」を増して、いよいよ異文化の中に飛び込んでいきます。そうやってみると、幼い頃から始めたラボ活動そのものが、異文化に入って切磋琢磨して成長する準備活動になっているのです。まさに3章で書いたプロジェクトAとプロジェクトBの融合です。ラボがもっている日常活動のさまざまなエッセンスが国際交流を支えているといって間違いありません。

さあ、次の章では2023年に国際交流に参加したラボっ子の体験を紹介しましょう。10代の感性で子どもたちは何を獲得して何を感じてきたのか？

多くのラボっ子の帰国感想文と4人の子どもへのインタビューをご紹介しましょう。

ラボっ子 旅に出る。——第5章

ROWING TO ANOTHER DAWN

旅の記録2023

ハカをした、悩んだ、
明るく話しかけた、自信が崩れた、
全てを振り切って立ち直った

私たちが2章・3章・4章でこの国際交流活動半世紀の振り返りをしている間に、1章で異文化に旅立った2023年の参加者たち約400人が、約1カ月のホームステイ交流を終えて無事帰国してきました。

誰もがコロナ禍の2年間の中断を経てこの交流への参加が叶っただけに、その体験の感激もひとしおだったようです。

どんな異文化体験ができたのか？　何を獲得して何を感じて帰って来たのか？

この章では、半世紀の節目となる「ひとりだちへの旅」の体験者の、とれたての感想を綴っていきましょう。

1　現地の子が「キウイボーイ（ニュージーランドの子）」と認めてくれた——異文化や子どもたち同士の交流

■鈴木睦くん　中2、ニュージーランド、木村文枝パーティ

目の前に現れたのは、中学2年生の小柄な少年でした。

ニュージーランド交流から帰国して約2カ月後の10月半ばのある日の夕方。調布市国領

駅近くの公共施設に、学校帰りの鈴木睦くんはジャージ姿で現れました。
私が睦くんに注目したのは、帰国時の感想文にこんな記述があったからです。

「学校に行って友だちに会ってお話しをするのがぼくが学校に行く楽しみだった。友だちとはいろんな事についてたくさん話せてうれしかった（中略）。ピザ・パーティーのときにスピーチした。インターナショナルの先生（Ms.ピーター）がスピーチでぼくを選んでくれたことがうれしかった。School last day の時にラタ（クラスで使う教室の名前）の子たちがハカをひろうしてくれた。あのハカは一生忘れない。ホストに『大好き』を教えたら、クラスの子たちにも広まって、広まった日からぼくにずっといつもクラスの子たちは『I 大好き you』と言ってくれた。ぼくはぼくを大好きと言って愛してくれたクラスメイトに『ありがとう』と言った。でもまだ感謝がおさまりきらない。ありがとう。ぼくのホームステイは本当に楽しかった」

ニュージーランド交流は、ホームステイをしながら地元（タウランガ）の学校に通うプログラムです。学校ではニュージーランド（以下、ＮＺ）の子たちと一緒に授業を受けながら、約3週間過ごします。その中で睦くんは、ＮＺの友だちがたくさんできました。

ピザ・パーティーでのスピーチ。クラスの子たちのハカ（先住民族マオリ族の伝統舞踊）。NZの子たちに流行らせた「大好き」という言葉――。ずいぶんと積極的な交流をした様子が読み取れます。果たしてどんなプロセスがあってこんな交流ができたのか。睦くんは、ホームステイの様子をこう話してくれました。

・いろいろチャレンジすることを目標に

「もちろん最初は言葉が聞き取れなくて、学校でも数学と体育の授業しかわかりませんでした。クラスの中にはラボっ子はもう一人だけで、わからないことは聞いたりもしました。でもコミュニケーションは大切だから、NZの子と話すことを最初から意識して、授業の中身や休み時間の会話でわからないときはNZの子にわかるまで聞きました。基本はNZの子としか会話はしないようにして、『もう1回言って』、『それなんという意味？』と何度でも聞き直しました。NZの子はみんな優しかったです。そうやって会話に挑戦していたら、段々とわかるようになってきました」

そもそも睦くんは、「いろいろなことにチャレンジすること」をこの交流活動の目標にしていました。そのチャレンジ精神はホームステイ中だけでなく、学校でも発揮されました。

・名前を覚えて、一緒にランチを食べる

「クラスは20人ほどでしたが、自分から友だちに話しかけるようにしました。一度話した友だちのことはなるべく名前を覚えて呼ぶようにしたかったので、友だちの名前は日記にずらりと書きました。名前を覚えるのは日本でも得意だったけれど、英語の難しい名前もあるので、紙に書くようにしたのです。友だちを名前で呼ぶようにしたらみんなも喜んでくれて、クラスのほとんどの子と会話をするようになりました」

睦くんがNZの子のことを名前で呼ぶから、相手も睦くんのことを「Mutsumi」と名前で呼んでくれるようになります。そんなやりとりが続けば、互いの親近感もより一層深まります。このころの学校の様子を、睦くんは日記にこう書いています。

「学校はなぜか安心する。心の友だちに会える。いつも『Mutsumi』と呼んでくれる子に会えるからだと思う。学校はとても心地がよい。休日を過ごしていると、無性に学校に行きたくなる」

木村文枝テューターによると、睦くんは国内キャンプでもすぐに友達の名前を覚える。友達をつくるのが得意だとのこと。そういう素直な性格が、NZでも発揮されたのです。

・ランチタイムはNZの子と一緒に過ごす

睦くんは、学校でもう一つチャレンジをしました。それは学校のランチタイムの時に、必ずNZの子の輪の中に入って食事をしたことです。こう語ります。

「学校が始まってしばらくしたら、ランチタイムになると日本から来た子だけで固まって食べているのに気付きました。日本人と一緒にいると確かに安心するけれど、ぼくはそこにいかなくていいかな。NZの子とのコミュニケーションが途切れると嫌だなと思って、ラボっ子の中には入らなかったんです。大勢のNZの子と話すときは何を言っているのかわからないことが多かったけれど、諦めずに話を聞いているうちに段々とわかるようになってきました。

もちろんラボの子とも仲はよかったけれど、ラボっ子と話すときも英語で話すようにしていました。そうしていたらプログラムの最後のほうになったら日本人だけで食べるのは止めようということになって、みんなばらけてNZの子の中に入っていきました。みんながＮＺの子と楽しそうにする姿を見て、いい方向になったなと思いました」

そんな生活の中で、睦くんを学校中で有名にするある出来事がありました。それは、ラグビーのワールドカップ等を通して世界中で有名になった、ＮＺの先住民族マオリ族の伝統舞踊「ハカ」にまつわる出来事でした。日記にはこう書かれています。

「今日ブロック２の『インターナショナル』の時に、ハカを踊れると聞いてすごくテンションがあがった。ラボのみんなもずっとぼくが『ハカをやりたい』と言っていたのを知っているから、みんながぼくに『今日ハカができるよ、やったね！』と言ってくれた。ハカを教えてもらったら、教えてくれた子がぼくたちに『Good! You are good!』と言ってくれた。やりたいことを本気でやれたからだろうか。とてもうれしかった。歌詞も教えてくれた。これから練習して、（帰国したら）パーティで発表できたら良いなと思っている」

睦くんは、ハカのことをこう振り返ります。

「学校でハカを教えてくれたのは１日だけでした。とりあえず動きをそこで覚えて、歌詞は先生がホワイトボードに書いてくれたマオリ語をノートにローマ字で書き写して読んだり、耳で聞いて覚えたりしました。そうやって練習していたら、ある日学校で知らない友達から『ハカやってよ』と頼まれたんです。隣にいたホストも、ぼくが家でハカの練習をしているのを見ていたので『いいじゃん、やりなよ』と言ってくれて、自信はなかったんだけどやってみたんです。そしたらＮＺの子がすごく喜んでくれて、次々と声がかかるようになって何回もハカをやりました。ＮＺの子はほとんどがハカをできるけれど、日本人でできるのは珍しかったそうです。動きも言葉も完璧だと言ってくれました。やればやるほどうまくなって、遊んでいたときもやってと言われました。どうやら『あいつは日本人だけどハカができるらしい』と噂になっていたようです」

学校中で「ハカができる日本人」として有名になり、多くの友だちから「やって、やって」と声をかけられるようになった睦くん。この段階ですっかり有名人です。でもそれだけでなく、睦くんがもう一つ学校で流行らせたことがあります。それは、こんな言葉でした。

・「大好き」を流行らせる

「学校が始まって間もないころに、友達がマオリ語の１から10までの言い方を教えてくれました。そのお返しに、ぼくもＮＺの友達に日本語の１から10までを教えたんです。そしたらとても喜んでくれて、そこで日本語を教える自信がついて、ある言葉をホストに教えました」

その言葉が、前に紹介した睦くんの帰国感想文に書かれていた「大好き」という日本語でした。最初はホストにこの言葉を教えると、あっと言う間にクラス中に広まり、「（その言葉が）広まった日からぼくにずっといつもクラスの子たちは『I 大好き you』と言ってくれた。ぼくはぼくを大好きと言って愛してくれたクラスメートに『ありがとう』と言った」

と睦くんは書いています。

またその様子を見ていたシャペロンは木村テューターに、「プログラムも最後のほうになると睦くんが流行らせた『大好き』という日本語が学校中で使われるようになって、ラボっ子とＮＺの子がとても素敵な関係になりました。感動の光景でした」

と、報告してくれたといいます。

そういうことが重なったからでしょう。プログラムの最後の日。しかもその最後の時間に、教室からクラスメートが全員出てきて、ラボっ子のためにあることをやってくれました。

そう、「ハカ」です。それは全くのサプライズ。とても感動的な光景でした。その最後の日の最後の光景を、睦くんは日記にこう書いています。

「最後の授業まで楽しくできてよかった。皆で最後、列に並ぶときにはやっぱり泣いてしまった。皆の顔を見ていると、泣けてきてしまった。同じクラスのラボっ子もギャン泣きしていた。最後に（みんなで）ハカをやってくれた。やりながら泣いている子もいた。あのハカは、おうえんに見えた。一生忘れられないハカをみた」

帰国後、睦くんのハカは『ことばの宇宙』の2023年秋号に掲載されて、QRコードで読み取ると見られるそうです。

一生忘れられないハカの思い出は睦くんの体内に宿り、これからも種火のように、燃え続けていくはずです。

その他のラボっ子の帰国感想文も、一部抜粋してご紹介しましょう。

■金木優菜さん　高1、カンザス州、飯澤寛美パーティ

今年の夏、私を一番成長させてくれたのはバックパッキングです。大きなリュックを背負い、大自然を歩きました。私たちはカンザスを横断して、隣にあるコロラドのロッキーナショナルパークという所へ行き、計５日間のバックパッキングを行いました。（中略）1日目は約20㎞。２日目は約19㎞という長い道のりに何度も諦めたくなったり、気温が下がる夜を過ごすのには強い忍耐力としんぼうが必要だったけれど、ホスト・ファーザーやホスト・シスターのお蔭で乗り越えることができました。「この旅はとても辛いものになるかもしれないけれど、これを乗り越えれば、あなたは自信がつきます」というホスト・ファーザーの言葉通り、私は以前よりも自信がつきました。そして辛い道のりを乗り越えた時に見えたロッキー山脈や滝がとてもすごくて、日本にいたら絶対に味わえないような感動の景色を見ることができました。本当に本当に楽しかったです。

■吉永健人くん　中3、ニューヨーク州、山口康恵パーティ

家は牛を育て肉にする仕事をしていた。なのでたくさんの牛がいた。（中略）家につい

て荷物を置いたらすぐに『Kent come here!』と言っていたので行った。そしたらすぐに牛の仕事を教えてくれた。コーンは牛のえさだ。そしてすぐにバケツに入れて、コーンを牛にあげた。仕事は大体見て覚えた。（中略）ホストは子どもだけど、ファームの一員だ。えさの量はホストが管理していて、ホストは親と対等に仕事の話をしている。それをみてとても頼りになるなと思った。ホストはえさを売っている人とかいろんな大人と対等に楽しそうにしゃべっている。その姿にあこがれた」

■鈴木詩穂さん　中3、ブリティッシュコロンビア州（カナダ）、関あずさパーティ

――最後に驚きとたくさんの発見がありました。家の中はくつで入ってOK。お風呂の時はシャワーのみ。運転席は左側。そして右側車線。慣れなくてとまどったけれど、すごく良い発見もありました。それはみんなフレンドリーだってこと。会ったらハグ。知らない人でも笑顔で「Hi! How are you?」目があったら頭を下げるんじゃなくてニコッと笑って手を振る。私はこれが大好きです。14歳で一人で異国に行く。普通に聞いたらびっくりするけど、行かなきゃわからないことがたくさんありました。私の中で何かが変わった気がします。

■金原柊香さん　中2、ニュージーランド、清水尚美パーティ

ホストファミリーやクラスの友だちに日本語の「1、2、3、4、5」を教えたら、「続きは?」と興味を示してくれた。スクールハウスがマオリのことを学べる所に入ったから、ハカを練習したりマオリ語の授業を受けたりできてとても充実していた。ホストファミリーがディナーの時に話していたけれど、会話に入れなかったときに、日本のこれってどうなのと話題を自分が入りやすいものに変えてくれたのがうれしかった。日記を毎日英語で書いて、ホスト・マザーにコメントをもらっていた成果が出たのか、わかる単語が増えてきて、会話も自然と入れたのがよかった。努力したことは絶対に裏切らないと思いながら生活し、努力したら努力以上の幸福を手に入れることができた。今回は「やらない後悔」ではなく「やって起きた後悔」を多く経験することができた。いつもだったらやらないようなことを挑戦することができた。

2　またアメリカに行きたくなった……
――正直に自分を表現していいんだ

■柿本芽利さん　高1、ノースカロライナ州、中村薫パーティ

・あなたは嘘をついていますか?

目の前に大きく富士山が見える山梨県富士吉田市の高校生、柿本芽利さんは、帰国感想文にこう書きました。

「ホームステイが始まって1週間ほどたったとき、ホストが私に『私たちがつくった料理の味を聞くと（メリはいつも）good!!と言います。あなたはうそをついていますか?』と言った。不安そうな顔をすると、ホスト・シスターが『あなたの事を本当の家族だと思っている。だから気をつかわないで』と言ってくれた。このとき自分の考えを相手に伝える事の大切さを学びました。自分の気持ちを正直につたえることで人を傷つけることもある。でも逆に、自分の気持ちを正直に伝えないことで相手を傷つけてしまうこともあるんだと

思いました」

ホームステイ1週間ほどの頃にホストと交わされたこの会話。コミュニケーションの難しさと、それを乗り越えた芽利さんの感受性が素晴らしいと思い、この会話の裏にはどんなことがあったのか聞いてみたいと思って富士吉田市を訪ねてみました。

芽利さんは学校帰りの制服姿で中村テューターの家にやってきて、インタビューに答えてくれました。

「日本では、人がつくってくれた料理を『不味い』とは言いませんよね。そんなことを言ったら人を傷つけてしまうから。日本ではそれが当たり前だからそうしていたんですが、年下のホスト・シスターが『大丈夫だよ。本当の家族だと思っているから気にしないから思ったままに言って』と言ってくれて、それからは素直に、苦手なものだったら『嫌い』と言えるようになりました。最初は遠慮があったんです」

芽利さんのホスト・シスターは、同年代のアレクサと妹のキラの2人。2人とも学校には行かずにホーム・スクール方式で家で勉強していました。

2人とも家にいる分、一家は色々なところに出かけてさまざまなものを食べていたようです。芽利さんの日記には、食べたものや出かけた時の記述がたくさん出てきます。

「ピザ屋さんに行った。何をトッピングしたいか聞かれた。でもメニューがよくわからなくてバジルにした。出来上がったピザはとっても大きかった。一切れしか食べられなかった」

「昼食はアレクサがパスタをつくってくれた。すっごくパスタにチーズをいれていた。夕飯はライスとエビとサラダだった。みんなライスの上に沢山バターとチーズをのせていた」

「バナナブレッドをつくった。全て大雑ぱで本当に食べて良いものなのか不安になった。(オーブンにいれてから)食べてみるとやはり少しぬれていた。(中略)夕食は店でハンバーガーを食べた。あまり好みではなかった」

このように毎日の食事では、食習慣の違いから食べ慣れないものが出たり、量が多すぎて食べきれなかったり、芽利さんはいろいろ苦心をしていたようです。そういう様子を見ていたホスト・シスターが、「本当の好き嫌いを言ってもいいんだよ」とアドバイスしてくれたのでしょう。芽利さんもそこからは、ホスト・ファミリーを本当の家族と思って正直に感想を伝えるようにしたのだと言います。ホスト・シスターとは、そこからは一層仲よくなったそうです。

帰国後の芽利さんのことを、中村テューターはこう教えてくれました。

・1年間留学に行きたい

「8月27日に開いた今年のパーティの帰国報告会で、芽利ちゃんが突然、『私は1年留学に挑戦します』と宣言したのです。何を言いだすのかと思ったし、留学の申し込みは翌日の28日だったのでびっくりしてしまいました」

芽利さんは誰にも言わずにいきなりそう宣言したのだそうです。1年間留学を思い立った理由を、芽利さんはこう語りました。

「1年間留学に行きたいと思ったのは、帰国する前日でした。ホームステイ中にホストと仲良くなったら、アレクサが『日本に来年行きたい』と言ってくれて、ホスト・マザーにも『来月からホーム・スクールで日本語をとりたい』と言ったのです。その姿を見ていたら、私もまたアメリカに来たいなと思って、1年留学に申し込もうと思いました」

　芽利さんは、国際交流に出発する前は「英語がしゃべれるか不安だった」といいます。出発前の成田のホテルでも行きたくないなと思ったりもしたそうです。ところがホームステイ途中で中村テューターに出した手紙には、

「たぶんホームシックにはならないと思います。（ホストは）私が答えられなくなった時は毎回優しく助けてくれます。自分が思っていたよりも英語が話せると、この数日で実感しています」

　と、書いています。ホスト・シスターとも心を開いて話せるようになったことで、最終的に「1年間留学へ」と決心したのです。帰国した時の様子をこう振り返ります。

「両親は羽田空港まで出迎えてくれたのですが、帰りの車の中でお母さんに『来年はホストが日本に来てくれるというからメリもいつか留学に行きたい』とずーっと私が喋っていました。気がつくと家の駐車場だったというくらい弾丸トークでした。お母さんに喋る隙を与えなかったので、お母さんは『本当に行くの?』と一言言っただけでした」

　それほど熱烈に、留学への思いがほとばしっていたのです。

ところが問題は、留学の申し込みが帰国報告会の翌日に迫っていることでした。その時のことをこう振り返ります。

・誕生日のケーキも振り切って

「パーティの帰国報告会の日に『1年間留学に行けるようにがんばります』とみんなの前で言っちゃったんです。OB・OGも大勢いる前で。そしたらテューターに『えっ！　1年留学の申し込みの締め切りは明日だよ』と言われてびっくりして、家に帰ってすぐに志望理由をA４の紙に英語で二枚、日本語で二枚書きました。そして夜の11時過ぎにテューターの家に行って、その文章を見てもらったんです。翌日の28日は誕生日だったのですが、ケーキもなしで学校でも休み時間に書類を書いて家に帰ってもすぐに書いて、それでまたテューターの家に行って最後の確認をして提出してもらったのです」

芽利さんにとっては、なんともすごい16歳の誕生日になってしまいました。けれどそれほどに10代の感性は異文化の中でさまざまな刺激を受けたということ。その「震え」に正直に行動した芽利さんは、まさに「ひとりだちへの旅」を経験したのです。

このインタビューの時点では、「留学の合否の結果はまだ届いていません」とのことでした。

万が一今年はダメでも、「その時は来年もまた受けます」と力強く語ってくれました。

このように、国際交流から帰国した芽利さんには、まだまだ「続き」があるのです。その先の夢に向かって、芽利さんはいまも歩き続けています。

■木村礼理さん　高1、ブリティシュコロンビア州（カナダ）、上小田郁子パーティ

私のホームステイ先はママとパパがインドの出身でした。なので欧米の文化のイメージで行ったのに、文化、宗教、食べ物までが全てインドのものでした。想像していたものと違いすぎて、とても驚いたしとまどいました。インドのヒンドゥー教の禁止事項はたくさんあるイメージだったので、何げない行動を不快に思われたらどうしようと不安でした。ホストファミリーはそのつど、インドの文化を教えてくれました。チキンは（食べても）いいけど豚と牛はだめ、チキンと卵は月、火には食べてはいけない。神殿（？）に入るときは頭をかくさないといけないなど、なんで禁止なのか意味不明なことも多く、これがLABOの言う異文化交流なんだなと思いました。全く知らなかったインドの文化を経験できたことはすごくよかったなと今では思います。

■長屋はぐみさん　中3、ウィスコンシン州、松添早苗パーティ

ホストは気が強くて、結構口調がきついときがありました。2週間ぐらいたった時、私がもらった水筒にスポーツドリンクを入れていたら、何でかわからないけれど「何でそれにスポーツドリンクを入れるの？」など、とても怒った感じで言ってきて、（私は）今までにためたものが爆発して泣いてしまいました。このとき、これから本当に仲良くできるかと心配になりました。でも、他のホストファミリーが支えてくれて、今まで以上にホストと仲良くなれました。私も自分が思っていることを言えるようになったので、ホストの顔もだんだん明るくなりました。私はホームステイが、自分にとって未来を切り開く第一歩だったと思います。

■満澤麦さん　中2、サウスダコタ州、川真田順子パーティ

私はOutsideが好きなのに対してホストはInsideが好きな人でした。日本に関してもあまり興味をもってくれず、私が話しかけてもすぐに会話が途切れたりして話しにくかったです。ホストはずっとスマホをさわっていて、自分の部屋にこもっていてどうしたらいいかわからずホームシックになっていました。そんな時、ケーススタディで考えた方法を実行してみようと思い、家族の人と仲よくすることにしました。ホスト・ファーザーの仕

事に付いて行った時は、私が手伝いたいといえば手伝わせてくれたり、話しかければ倍になって返事が返ってきたり、ホスト・ファーザーからの質問も沢山受けました。また、日本に興味のあるホストの友達からは共感できることもありました。共感できることがとてもうれしいことだと知りました。その子はとても楽しそうに話してくれます。私がホストにニコッと笑うとホストも返してくれます。自分次第でその場の空気を変えられることがわかりました。

■及川友菜さん　高1、ニュージーランド、中村薫パーティ

学校は女子校でした。男子を意識しなくていいので、自分をさらけ出すことができてとても面白かったです。マオリの人ともとても仲よくなりました。クラスにはKPOPやBTSが好きな子が大勢いて、みんなユーチューブとかインスタグラムで見ていると言っていました。私もBTSが好きだよ、と言ったら「一緒だ」と言って盛り上がりました。

プログラムの最後の一週間になったときに、一緒にいたシャペロンの先生から「気持ちを入れ換えて」と言われて、そこからは日本人同士でも英語で話すようにしました。スクールバディはNZの子で、学校ではその子とずーっと一緒に行動していました。いっぱい話しかけてくれたし日本のことにも興味をもってくれたので、いいコミュニケーション

がとれました。

日本のことを紹介するために日本のアニメをネットフリックスで見たり折り紙を一緒に折ったりしました。折り紙は向こうの子の方がうまかったのが驚きでした。私は折り紙が苦手なので、逆に教えてもらったこともありました。

学校にはモーニングティーの時間があって、その時間にランチを半分食べて、ランチのときに残りの半分を食べる習慣でした。量も多かったし果物も丸ごと入っていたので、帰国しても10時にお腹がすいてしまってちょっと困りました。

3　オレゴン国際キャンプ最高!!
——目標をつくって積極的に話しかけた

■坂場叶望さん　中2、オレゴン国際キャンプ、青池眞由子パーティ

・不安で一杯の旅立ち

オレゴン国際キャンプに出発する前の不安な様子を、こう書いたラボっ子がいました。

「オレゴンキャンプに行ったラボっ子なんて（周りでは）聞いたことないし、なにをするのかもわからないし、事前活動でもまわりの子たちはホストが決まっていてうらやましくて、また少し悲しかった。（オレゴンキャンプに参加する）女の子は少ないし、（3月の黒姫での）事前合宿の4日間ですごくつかれたのに大丈夫かなって思いながら不安たくさんでオレゴンにきた」

中学2年生の坂場叶望（かなみ）さんです。

オレゴン国際キャンプはホームステイではなく、約3週間、オレゴン州のOMSI（オレゴン科学産業博物館）という団体がもっているロッジやキャンプ施設に団体で泊まります。日替わりでハイキングに行ったり森の奥に大木を見に行ったり海岸線を歩いたり砂漠の中でキャンプしたり星空を見ながら草原で寝たりと、大自然を満喫するさまざまなプログラム。ラボっ子と一緒に活動するのは、「アンバサダー」と呼ばれる現地の同世代のキャンプ参加者（2週間のプログラム）と、スタッフとして働くインストラクターや大学生カウンセラーたちです。

2023年の参加者は、ラボっ子は24人（男子20人、女子4人）。アンバサダーは3人（男子1人女子2人）。カウンセラーは19歳と20歳の大学生で男子2人女子1人という構成でした。ラボっ子にもアンバサダーにもスタッフにも女子が少なかったことが、出発前の叶望さんの不安に繋がったようです。

けれどオレゴンで3週間過ごし、帰国時に書いた感想文を見ると、叶望さんのオレゴンキャンプへの印象は180度変わっています。

「オレゴンの大自然の中で団体生活をしてみて、また一つ自分が成長することができました。もう日本に帰りたくない〜。（オレゴンの）星を見ていたら自分のなやみなんてちっぽけに見えちゃうし。とにかくほんとにほんとにほんと——にすてきな3週間でした」

こんなに感想が変わった裏にはなにがあったのか？　どんなふうにキャンプを送るとこんなに喜べるのか？　そのことを聞きに、青池パーティが開かれている神奈川県大和市の中央林間まで出かけてみました。叶望さんは、出発前の不安を吹き飛ばすために目標を持ったことをこう語ってくれました。

・自分からどんどん積極的に話しかけると目標をたてた

「オレゴンキャンプは約3週間ラボっ子同士がずーっと一緒です。アメリカの子と自分からかかわろうとしなければかかわらないで終わってしまうから、『積極的に話しかけたほうがいいよ』と事前活動の時に教わったんです。だから自分から積極的にアンバサダーやスタッフに声をかけようと目標をたてました。最初にバスの中で話してくれた1つ年上のアンバサダーの子とずーっと離れないようにして、バスでもいつでも隣に座るようにしました。キャンプの途中からは同じコテージに滞在していた違うグループの子にもシャワーや食事の時に話しかけました。絶対に仲のいい子をつくると決めて、自分からどんどん話しかけていきました」

その目標を達成するために、叶望さんはオレゴンでは「笑顔のあかるい女の子になってバンバン話しかけた」そうです。

とはいえ、叶望さんは中学2年生で、この時のラボっ子グループの中では最年少でした。だから、高校生や大学生のラボっ子に比べたら、英語力は劣ります。それをどうやって乗り越えたのでしょうか。叶望さんはその頃の様子を帰国感想文にこう書いています。

「(最初のころは)もうほんとにもっと英語を勉強しておけばよかったと思った。すごーくいいたいことがあるのにぜんぜん言葉にできなくて、会話がむずかしい。高大生がペラペラしゃべっているのを見て、しゃべれないのが辛かった。それでもアメリカの子たちは見ぶり手ぶりでどうにか伝えようとしてくれたし、私もどうやったら相手に伝えられるか、がんばって会話できるように自分なりのやり方でコミュニケーションをとった」

叶望さんはキャンプ当初、文法を無視して簡単な単語をばらばらでもいいから並べて話し、ジェスチャーや電子辞書も駆使してなんとか意志を伝えようとしました。移動するバスの中では好きな洋楽、たとえば「ワンダイレクション」が流れてきたらそれを一緒に歌ったり、相手の名前を聞いたらそれを漢字の当て字で書いて教えたり、ひらがなを教えたり、キャンプソングの歌詞を書いてもらってそれを一緒に歌ったりもしました。とにかくアメリカの子に自分から働きかける。一緒に行動をする。相手に何かプレゼント（アメリカ名を漢字で書いてあげる等）するようにしたのです。例えばKaterinという子には「叶照林」というふうに。

そうやって「伝えたい、仲よくなりたい」という気持ちを自分から表現していくと、相手も言葉が伝わらないときはジェスチャーで教えてくれるようになります。叶望さんはそういうコミュニケーションが「楽しかった」と振り返ります。

・着物を着付けてあげた

叶望さんはアメリカ人のメンバーを喜ばせるために、リュックサックの中に、日本のシンボルである「あるもの」を入れていきました。

「オレゴンでは日本の特技を披露する時間があると聞いていたので、嵩《かさ》ばったけれど『浴衣』をもっていきました。私はもともと日舞を習っていて着物の着付けが特技なので、アメリカの子に着付けてあげようと思ったのです。最初はアンバサダーのキャットに着せてあげました。スタッフのフィービーにも着せてあげて、写真を撮ってあげたらとても喜んでくれて、帰国してから彼女のインスタグラムを見たらアイコンが浴衣姿になっていました。日本の特技の時間には、私が浴衣を着て会場に入って行ったらみんなからすごい歓声があがって口笛も吹いてくれて……。そこで私がお茶をたてるふりをしたらそれも喜んでくれました。その登場前に私が自分の部屋で浴衣に着替えていたらフィービーが入ってきて、『Oh Kanami, You are so pretty!』と言って抱きしめてくれました。ほんとうに浴衣をもってきてよかったと心から思いました」

・違うグループの子とも仲よくなった

叶望さんが交流を重ねたのはラボのグループのアンバサダーやスタッフだけではありませんでした。彼女が毎日書いていた日記には、「隣のキャビンの子」として6人の名前が書かれています。「ゾーイ（めちゃくそにかわいい、隣のキャビンのスタッフ）」「アイラ（赤髪のガチの美人）」「エイラ（最後にミサンガをくれた金髪のかわいい子）」「サニー（はじめに話しかけてくれてミサンガをくれたスタイルのいい美人さん）」「サーシャ（唯一の12歳。大人っぽくてめちゃかわいい）」「ドロフィー（はじめは冷たかったけれど、話しているうちに笑ってくれるのがかわいい！　茶髪のかわいい子）」。

　叶望さんは同じ時期にキャンプしていた違うグループの子たちとも仲よくなったのです。彼女たちとの交流のハイライトをこう語ります。

「彼女たちが帰る日には、私たちが別のプログラムからキャンプ場に戻ってきたら、地面に私の名前が書いてありました。『Kanami』って。その中の一人とは、帰国したいまでもメールのやりとりをしています」

　叶望さんは最初に立てた目標通りに、出会うアメリカ人に積極的に話しかけ、働きかけてコミュニケーションを深めていったのです。彼女の日記には、まだまだたくさんのアメリカ人の名前が書かれています。その数だけ、叶望さんは目標に近づいていったのです。

・大自然に包まれた素敵なプログラム
　もちろんインタビューの中で叶望さんは、アメリカ人の友人たちとの交流だけでなく、その舞台となったオレゴンの大自然のこともたくさん話してくれました。

　映画『ジュラシックパーク』や『スターウォーズ』の舞台となったレッドウッドという

大きな森の中にあるキャンプ場のこと。森の中を3～4時間かけて歩いて、日本にはないような巨木を見に行ったこと。途中で見つけた木の実を図鑑で調べて、スタッフから「食べられるよ。でもこの葉は2枚までね」と教えてもらったこと。乾燥地帯の丘の上に寝袋を出して満天の星空を見上げながら眠ったこと。朝は朝日の中で目覚めたこと。太平洋の海岸で夕陽を見届けたこと。何万年も前の化石を発掘しに行ったこと、等々。

叶望さんは最初に立てた目標をクリアすることで、このオレゴン国際キャンプを当初の予想よりも何倍も楽しんだのです。帰国感想文には、「お別れの時にこんなに号泣したことなんてない」と書かれています。

そんな3週間を体験した結果、帰国後の叶望さんはこう語っています。

「いまの目標は、高校生になったら1年留学に行きたいということです。オレゴンでも、中学2年の英語でここまで友達ができたのですごく勇気が出ました。言葉が違う同士でも、自分から話しかけようという意識があればここまで仲良くなれます。留学を新たな目標にして、勉強もがんばりたいと思います」

ここにも国際交流で新しい目標を持ったラボっ子がいました。さらに大きな夢に向かって、叶望さんは再びスタートを切ったのです。この新しい目標からはどんな物語が生まれてくるか。楽しみにしたいと思います。

■三浦柊音さん　高1、オレゴン国際キャンプ、佐藤八重子パーティ

自分はアメリカにくる前の外国へのイメージは、食べ物が冷たくまずい、空気は汚くトイレも汚い、人々は冷たいなどと最悪なものばかりだった。でも実際にアメリカに来てみるとご飯もおいしいし、人々もとてもあたたかかった。トイレの汚さは否定できなかったのが本音。（中略）（現地のスタッフやアンバサダーたちとは）一緒に遊んだことや会話、交流はもちろん、実に様々なことを考え行動してくれたことも含めて本当に感謝しかない。特にOMSIスタッフには英語で感謝を伝えられた。日本人の仲間にも感謝の気持ちがいっぱいだ。黒姫で初めて出会って、こんな自分を受け入れ3週間一緒に旅をした仲間との思い出は一生忘れられないと思う。（中略）日本に帰ったら周りの人に、アメリカはこんなにいいところなんだぞ‼　という思いを伝え、自分自身も外国の文化に興味をもっていきたい。

■井上佐鳴くん　中3、ミズーリ州、山本浩美パーティ
　ぼくがホームステイで感じたことは、まずアメリカではははっきり意思表示しないといけないことです。アメリカでは「どっちでもいい」は通じないので、「はい」か「いいえ」とかきちんと伝えないと、自分が考えているとき、ホストが困ってしまいます。なので日本で「どっちでもいい」を使っていると、国際交流の時に答えるのに自分が困るので、日本でもはっきり意思表示をしたほうがいいと思います。あとはアメリカ人はとても優しいということです。例えばお店などに入る時に、最初に店に入った人がドアを開けておいてくれたり、ぶつかったりしたら「Excuse me」とか言ってくれます。（中略）ホストファミリーに質問されたり話しかけられた時に、英語で答えてきちんと伝わっていないなって思っていても、理解しようとしてくれました。

■緒方花野さん　高2、マニトバ州（カナダ）、金森陽子パーティ
　本来なら中2でいくはずだったけど、高2でいけたからこそ経験できたことがあります。一番は自分の英語力です。中学生の頃より知識も増えたことで、自分の力に自信を持つことができたし、ホストたちの質問に答えられたり、褒められたりしてすごく嬉しかったです。完璧にはスラスラは話せなかったけれど、話すときは自分なりに一生懸命伝えられた

ので良かったです。（中略）カナダにきて日本との違いを一番感じたことは、家族や人とのつながりをすごく大切にしているところです。ハグだけじゃなくて、目が合ったら知らない人とでも笑いかけてくれたり、Love you と伝えたり、ほっぺにキスしたり。ストレートに愛情や自分の気持ちを伝え合うことって素敵だな、うらやましいなと思いました。そして自分も家族や友達に対してもっとストレートに気持ちを伝えてみようかなと思いました。

4　英語は得意だから自信があったのに……
――コミュニケーションの大切さ

■西原漣太くん　高１、テネシー州、園田理恵パーティ

・ホストと出会った瞬間に目の前がまっ暗に

「ぼくは英語は昔から得意でした。自信があったから、アメリカに行っても喋れないことはないだろうと思っていました。小さいころから英会話も習っていたし、人よりはできる

と思っていたのですが……」

国際交流に出発する前のことを、こう振り返るラボっ子がいます。

西原漣太くん。本来は中学2年で参加する予定でしたが、コロナで延期となり、高校生での参加になったことで英語力にも自信を持っていたのだといいます。

ところがアメリカに着いてホストファミリーと会ってみたら、思いもかけない事態になったのだそうです。

「向こうに着いてホストファミリーが空港まで車で迎えにきてくれたのですが、車内で会話が始まったら、ホストが喋る英語が速すぎて全く理解できなかったんです。テネシー訛りもあって、日本で聞いている英語とは全く違いました。それで何度も聞き返していたら、ホストがゆっくりと喋ってくれるようになって、それでやっとなんとか聞き取れるようになりました。最初は本当に焦りました」

初めてのアメリカ。ホストファミリーとの対面。ドキドキと胸が張り裂けるような思いでいざ会話をしてみたら、全く単語が聞き取れない。相手が何を言っているのかさっぱりわからない。笑顔で喋ってくれるけれど、こちらの表情はひきつってしまう――。

その時の漣太くんの焦りたるや、どんなものだったでしょうか。高校生で英語に自信があったというだけに、焦りも大きかったはずです。想像するに余りあります。

けれどこの頃「言葉が通じなかった」のには、わけがありました。漣太くんは帰国感想文にこう書いていています。

「最初ホストファミリーや他の人と会話する時に、完璧な英語を使ってコミュニケーションを取ろうとしたけれど、文法が上手にでてこなくて会話が途切れてしまうことがあった。（中略）時間が経つにつれて、大事なのは完璧な文法ではなく伝える能力だと気がついた。人にものを伝える時は、言葉だけでなく身振りや手振りを使い、相手の目を見て伝えるのが大切なことだと思った。たとえ文法が間違っていても、文法がわからなくても、伝えようとする能力さえあればコミュニケーションを取れるし、自分の気持ちを相手に伝えることができるからだ」

出発前の英語力への自信がガラガラと崩れて、目の前が真っ暗になった時……。漣太くんを救ったのは身振り手振りを使ってでも気持ちを伝えようとする「熱意」でした。4章で門脇先生が語った「修羅場の英語力」を発揮したのです。さらにホストファミリーの優しさもあったと、こう振り返ります。

「最初の頃、ぼくが会話が聞き取れていないとわかったホストは、ゆっくり喋ってくれるようになりました。ぼくもテネシー訛りが少しわかるようになって段々と聞き取れるようになりました。特にホスト・マザーは優しくて、『困っていることある？』、『ご飯は美味しい？』と常に聞いてきてくれました。ホスト・マザーとの会話には困った記憶はありません。それからホストには中1の弟がいて、会話がゆっくりだったので彼の言葉も聞き取りやすかったです。会話に慣れてくると単語が聞こえてきて、家族でどういうことを話しているのかわかるようになりました」

正しい文法よりも、自分の気持ちを相手に伝えたいという熱意が大切。それが相手に伝われば、ホストもわかるまで話してくれる。ゆっくりと喋ってくれる。4章で本名先生が語った「言語的協働作業」も、ここで行われていたわけです。

さらに漣太くんは、ホームステイ中に学校で習っていない言い回しがわかるようになったといいます。

「『ここは楽しいですか？』という言い回しが日本で習ったのとは違っていて、何度も聞かれたのでそれがわかるようになりました。『How do you like～』という言い方なんですが、こういう時に『How』という単語を使うということをアメリカで知りました。最初は何を聞かれているのかわかりませんでしたが、途中から返事ができるようになりました」

日本では習っていなかった構文も、ホストファミリーとの言語的協働作業の中で理解できるようになる――。本名先生の論文通りに、ホストとの会話の中で発見があり、現地で英語力が伸びていく様子がよくわかるエピソードです。

・異文化を体験したことで

さて、こんなホームステイ体験をした漣太くんは、帰国後、どのように変わったのでしょうか。高校生活には変化があったのか？　その点も聞いてみました。

「英語に関しては、リスニングは今までと英語の聞こえ方が全く違ってきたと思います。学校でもＡＬＴが喋る言葉はゆっくり聞こえて意味もはっきりわかるようになりました。もともと英語は得意だったのですが、さらに自信がつきました。

学校やラボ活動では、初対面の人ともフレンドリーにコミュニケーションがとれるようになったと思います。高校でもいままで以上にいろいろな人とコミュニケーションをとっていきたいです。アメリカでは、初対面の人とでも『調子はどう？』なんて気軽に声をかけて、そこからどんどん話が深くなっていきました。初対面同士でもずいぶん喋るんだなぁと驚いたし、ぼくも初対面の人といろいろ話ができました。それを日本でもやっていきたいと思います」

さらに漣太くんは、自分の家族関係についても変化があったといいます。

「帰国してから、両親とは前よりも会話が増えました。国際交流に行く前は部活が忙しくて家には夜の8時とか9時に帰ってきて、その後は自分の部屋でスマホを見たりしていました。でも帰国してからは、忙しくても家族とのコミュニケーションを大切にしようと思っています。ホストファミリーは、家族のコミュニケーションをとても大切にしていたので、ぼくもそうしたいと思ったのです。母とも前よりは喋るようになったので、とても喜んでくれています」

帰国後の変化は、帰国感想文の中にも書かれています。

「コミュニケーションを取るということは、これからの社会においてとても重要なことであると思う。そしてこの力を、国際交流を通して前よりも強められたと思う。この国際交流は自分を人間として成長させてくれた。素晴らしいものになったと思う。これからの生活で、国際交流を通して学んだ体験を活かして、もっともっと成長していけるようになりたい」

■前田孝仁くん　高1、アラスカ州、長谷部愉己子パーティ

僕の場合は、日本での自分を取り巻く環境と海外での環境の違いをしっかりと考えられたと思います。日本の母が自分に与えてくれているものやことが、ホスト・マザーやファーザーが与えてくれたものやことと同じでも、僕は実は親にはお礼を言っていませんでした。自分が住み慣れている環境を一度はなれると、ありがたみがよくわかります。愛を当たり前のものとして受け入れていました。食事やお風呂など、生活に必要なものには必ず日本の親がかかわっていました。アメリカでは全て自分から言わなければいけません。『おなかがすいた』『トイレットペーパーがない』など、全て口に出さなければ相手に伝わりません。あらためて日本の親に感謝し、今までお礼を言っていなかったことを反省できました。

■古和輝宙くん　高1、ウィスコンシン州、山本由起パーティ

（ホームステイの）初日は本当にきつかったことを覚えています。全然言葉がわからず、すれ違いまくりで一人で自分に失望していました。でも2日目からは徐々に耳が慣れてきて、なんとなく英語がわかるようになってきました。そのことがきっかけで、自分の英語に少し自信がつきました。僕が感動したのはミルウォーキーの街並みです。ミルウォー

キーはウィスコンシン州を代表する大きな街です。元々は工業地帯で少し前にすごく栄えた町だそうです。昔のなごりを感じさせる時計塔やレンガの建物のとなりに大きなビルが建っていたりしているので、時代と時代の間にいるような、不思議な感覚のする街だったからです。日本人にはとっても好きな雰囲気だと思います。そして野球とバスケのスタジアムがとても大きくて盛り上がっているのも、街を活気づけていいなと思いました。

■渡部珠央さん　中2、アイダホ州、嘉藤朋子パーティ

（前略）私はまだ中2だから英語の経験が足りないのではないかと感じた。（中略）相手の言っていることはわかる。自分がいいたいこともわかる。でもなぜかすぐに英語で自分の言いたいことは返せなかった。それが3日～1週間近く続いた。（中略）私は悔しかった。学校で勉強すれば話せるわけではないことをよく実感した。学校の勉強も役に立つ。でもそれを本当の外国の人と話す経験をしないと言葉がなかなか出てこないと思った。2週間ぐらいたつと英語も耳になじんだ。私は前より英語を自然に話せるようになった。そこで学んだ。英語を聞いて頭の中でいちいち日本語にかえるのは不自然だと。そんなことをしていたら聞きのがしてしまう。英語は日本語と同じように会話のためのもの。そう思ったので、英語を会話として聞けるようになった。そしていちいち日本語を考えてから

英語を話すのではなく、その場で思ったことをしっかりと伝えられるようにもなった。このホームステイで英語の輪がすごく広がったと思う。

異文化との出会い。

ハカを現地の学生から習う（NZタウランカ・ボーイズカレッジ）

授業風景（NZタウランカ・ガールズカレッジにて）

ハカの表情を教えてもらう（NZ）

ハカを教えてもらったお礼にソーラン節を伝授（NZ）

シュラフで寝た朝（ハンコックフィールドステーション）

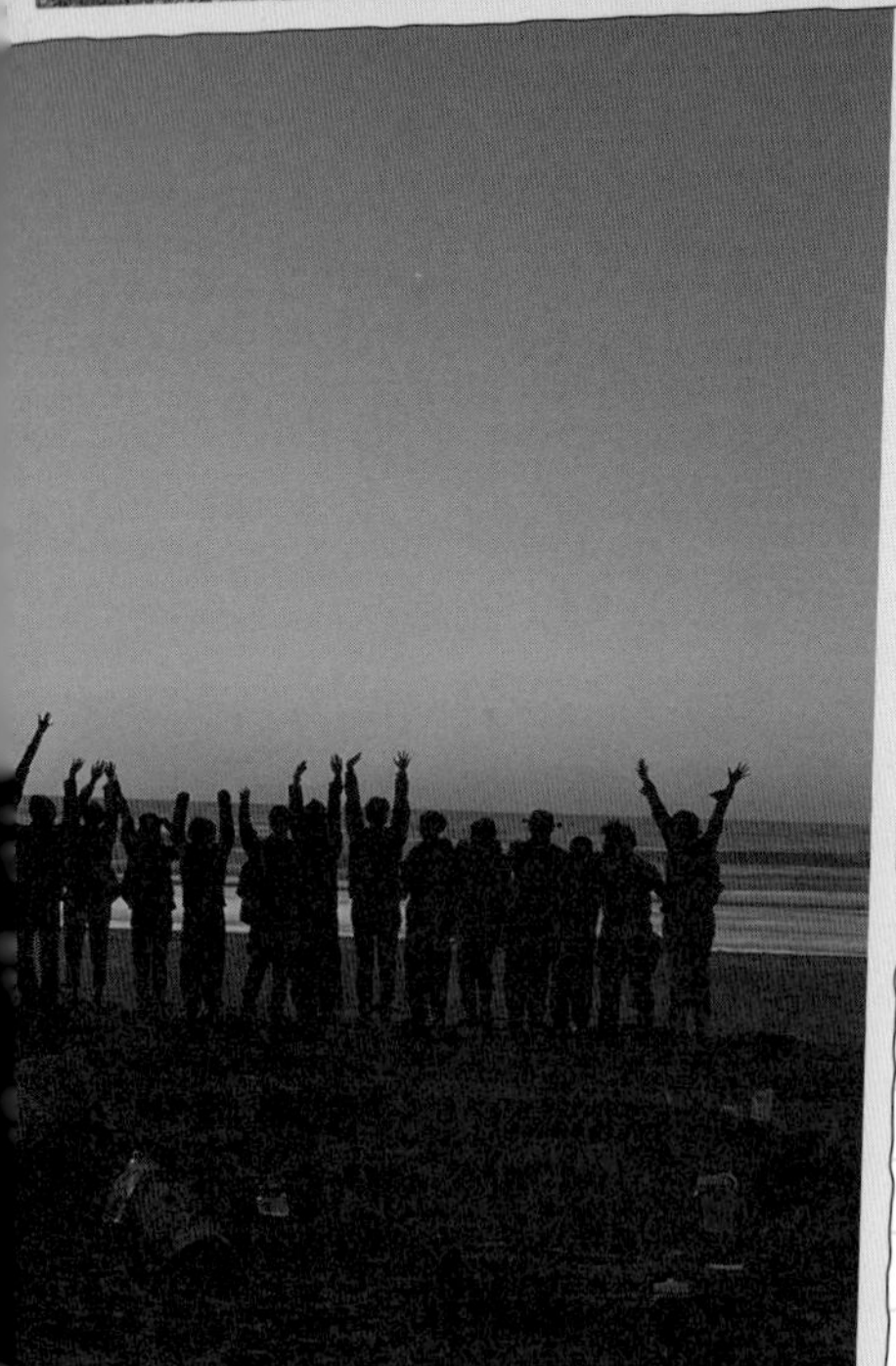

オレゴン州ニューポートの太平洋を
バックに全員で!

レッドウッドのビジターセンターからハイキングに出発

大樹レッドシーダーの大きさを感じる（レッドウッド国立公園）

ROWING TO ANOTHER DAWN

ラボっ子旅に出る。——第6章

OB・OGたちの足跡といま

我が子にも見せたい「麦畑の地平線」、夢は変わっていい、世界は物語で溢れている、全てのルーツはラボ活動に

1　懐かしき10代の「あの夏の体験」、そして今

さあ、最後の章は国際交流のOB・OGたちを訪ねてみましょう。

人によってはもう半世紀近く前のことになりますが、国際交流のOB・OGたちの胸の中には、ひとりきりで異文化に飛び込んだ「あの夏の体験」が昨日のことのように息づいているはずです。

もちろん、帰国直後の感想では「楽しかった」、「こんな発見があった」と喜んでいる人だけでなく、なかには「ちっとも楽しくなかった」という感想も聞かれます。ところがそういう人でも何年かしてから振り返ってみると、「あの時の体験があったから」、「あとから振り返ってみると」と、「あの夏」の体験の大きさに気づくケースもあります。

この章では、そんなOB・OGたちを訪ねて、「あの夏の体験と現在の自分との関わり」をインタビューしました。また資料の中から、「あの夏直後の感想文」を探し出して紹介しようと思います。

まずは国際交流1回目、1972年の参加者の手記を2本紹介します。これまでの章で

見てきたように、ラボが熱い気持ちで創設した「国際交流（第1回目だけはラボ海外旅行）」を、10代がどう受け止め、どんな未来を思い描いたのか。それをご覧ください。

・英語に関わる仕事に興味を持った

■管啓次郎さん、1972年、アイダホ州、詩人、比較文学者、明治大学教授、林恭子パーティ

管さんは今から約10年前に、40年前の国際交流を振り返ってこう書いています。

「ちょうど40年前の1972年、中学2年のとき、第1回ラボ国際交流に参加しました。羽田からパンナムのチャーター機でシアトルへ。最初の夜を過ごしたワシントン大学のキャンパスとカフェテリアのでっかい朝ごはんに強い印象を受けました。それからワシントン、アイダホ両州の各地に散りました。

ホストファミリーはいずれも4Hクラブ会員の農家です。子牛にミルクをやり、トウモロコシを収穫し、トラクターに乗せてもらって、ひと夏を過ごしました。働いたあとのごほうびは巨大なアイスクリーム。仲間たちとの再会は森と湖のキャンプ場で。真っ黒に日焼けして、たぶん人生でいちばん健康な夏休みでした。世界のスケール感がそのとき変わ

り、将来は英語に関わる仕事をしたいと、漠然と思うようになりました。（中略）

20代からは翻訳の仕事を始め、後にはアメリカのいくつかの都市に住む機会がありました。大学院の勉強のために迷わず戻ったのはシアトル。この海と湖と森の都会が大好きになったのも、その出発点は1972年のあの夏にあったのだと思います。現在は大学で文学と人類学の両方にまたがる分野を教えていますが、北米、カリブ海、ポリネシアといったさまざまな土地を訪ねながら文学と文学のはざまを考える仕事は、そこから始まりました。

ホスト・ブラザーのクリスとは現在でもつきあいがあります。数学の天才児だった彼は、現在は有名なコンピュータ会社の技師です。こうしてラボ国際交流は、ぼくの人生に大きな方向性を与え、ある土台を与えてくれました。新しく参加するみんなも、たぶんいろいろな手がかりを得られるはず。楽しい滞在を祈っています」（「公益財団法人としてさらなる飛躍を」2012年3月、財団法人ラボ国際交流センター発行の冊子より）

もう1つ、約35年前に書かれた1972年の参加者の手記がありました。

■善本知広さん、1972年、ワシントン州、兵庫医科大学第三内科医師（執筆当時）、茂木栄子パーティ所属

「わが子にも見せたい〝地平線の麦畑〟」

「私が初めてラボに参加したのは21年前の1969年、小学校5年生のときでした。そして運よく1972年の第1回ラボ国際交流に参加することができたのです。（中略）私にとって運命的な出会いとなったのが、ホストファミリーのクレイン家の人びとでした。私のホストはカレンという、私と同い歳の女の子でした。家はワシントン州の典型的な小麦作りの農家でしたが、その農場の広さには圧倒されました。私が東京のラボ本部に書いた手紙の一部の『地平線は麦畑です』が、その後ラボの出版物に使われたほどでした。（中略）

私は来年アメリカの大学に留学する予定にしています。こんどは私たちのこどもに、あの『地平線の麦畑』を見せてあげたいと思います。ラボを通して、こんなにもすばらしいファミリーとの出会いができたことを私は心から感謝しています。と同時に、より多くのラボっ子たちが世界の人びとと温かい心で結ばれていくことを願ってやみません」（「ラボ

の世界」1990年11月号）

お二人ともに、72年の国際交流体験が、その後の人生に大きく影響していると書いています。「英語に関わる仕事がしたい」、「アメリカで学びたい」と考え、それぞれの道でその思いを実現されました。さらに「もう一つの家族との関係をこれからも大切にしたい」、「自分の子どもにもこの感動を伝えたい」と考えているところも共通しています。

半世紀経っても色あせない記憶。人生の選択において大きな指針となった体験。すでに本文で触れたように、「あの夏がなかったらいまの自分はない」と言わせるほどに、この異文化体験は多くのＯＢ・ＯＧたちに共通する「宝」になっています。

この章では、そんなＯＢ・ＯＧたちの何人かを訪ねてインタビューしてきました。あの夏の記憶がいまどんな形で結実しているか。その姿をご紹介しましょう。

・夢は変わっていい、夢は学びのチャンスをくれる〜ラボが与えてくれた「ことばの力」

■飯澤龍太さん、２００１年テキサス州、２００６〜２００７年ラボ高校留学（カナダ・マニトバ州）、プロ野球横浜ＤｅＮＡベイスターズ球団通訳、飯澤寛美パーティ

「国際交流は全然楽しくなかった。行かなければよかった。この夏は野球をやっていたかった」

２００１年の国際交流の帰国後、そう呟いたラボっ子がいました。中学１年でテキサス州にホームステイした飯澤龍太くんです。

この時の龍太くんの夢は「プロ野球の選手になること」。ドラフトで１位指名されて契約金１億円をゲットしたら、「そのお金でラボハウスを建てる」というヴィジョンまで描いていたそうです。

だから中学１年生の夏休みは野球の練習をしていたかった。それなのに、テューターでもある母親の強引な勧めで国際交流に「行かされてしまった」。そんな不満が募って、帰国後の「楽しくなかった」という言葉になったのでしょう。

けれどこの時、飯澤テューターは平然とこう言い返したのだそうです。

「あらそう、いいわよ。きっとそのうちこの体験の意味がわかる日がくるわよ」と。

実際、その日から20年以上たって、龍太さんはこの国際交流とその前後のラボでの異文化体験の意味がわかってきました。いまはそれらの体験を生かして「夢の中の生活」を送っています。

それは、プロ野球ＤｅＮＡ球団の通訳として、海外から来た超有名選手のプレーや生活をサポートする仕事をしていること。２０２３年には、アメリカ大リーグでサイ・ヤング賞（最優秀投手賞）に輝いた実績を持つトレバー・バウワー選手の通訳も務めました。世界に配信された入団記者会見でも、通訳として活躍。中学時代の夢だった「プロ野球選手」と一緒に生活し、その活躍を支える仕事をしているのですから、龍太さんは見事に国際交流体験やその前後のラボ活動を生かしています。まさに母親でもある飯澤テューターの言葉通りになりました。龍太さんは、ラボ時代を振り返ってこう語ります。

「ラボが教えてくれた『ことばの力』は、夢を追いチャレンジしつづける大きな力になっています」――。

はたしてこの20年間に龍太さんにはどんなプロセスがあったのか。これまでの歩みを振り返ってもらいましょう。

・「ラボ屋」の息子として

「幼少時代のぼくの最初の夢は、『死んだらお墓でラボする』ことでした。それくらい小学校に入るまではラボは大好きだったんです。母親がテューターでしたから我が家では毎年外国人がホームステイするし、キャンプにいけば高校・大学のお兄さんお姉さんが遊んでくれる。ところが小学校にあがると学校が嫌いになって不登校になりました。ラボも嫌いになって、発表会でもライブラリーは面倒くさくて全く聞かずに英語を話さない子になってしまったのです」

中学生になった龍太さんは、今度は野球に夢中になって部活の野球ばかりで勉強はさっぱり。漢字も好きな野球選手の苗字から覚えたし、テストでも英語18点数学8点を取るような生徒だったといいます。1年生の時に国際交流に参加したときのことは、

「ラボ屋（母親がテューターの家庭のこと）の子どもとしては自然な流れでしたが、帰国後には親にあてつけるように『楽しくなかった』なんて言ったんです。野球部のチームメイトからは『おれたちが練習している時にお前はアメリカに行っていてよかったな』なんて言われたし。ラボっ子中学生のアルアルですね。」

と、振り返ります。

ところがそんな龍太さんに、高校入学時に大きな挫折が訪れます。

仙台にある甲子園常連校の野球部セレクションを受けたのに、まさかの不合格！　プロ野球の選手になるという夢がガラガラと崩れてしまったのです。

県立高校に入ったものの、夢をなくした龍太さんは勉強もしない。やりたいこともない。生きる目標がない。だらけた生活を送っていました。唯一楽しかったのは、ラボでシニアメイトをやっている時だけだったといいます。そんなとき、再びお母さんがこう語りかけてくれました。

「1年間高校留学に行ってみたら」

その言葉にすがるように、「何かを変えたい」と思った龍太さんはそこから英語を勉強し直して、なんとかカナダへの留学試験に合格。マニトバ州の高校へ向かったのです。けれどそこでも最初は辛い日々でした。こう書いています。

「はじめのうちは英語もほとんどわからず。食事はあわず。友だちはいない――。毎日がチャレンジの連続でしたが、中1のホームステイ体験や幼少の頃からの異文化体験、そしてスポーツのおかげでたくさんの仲間をつくることができ、充実した高校留学生活を送ることができました」（「ラボの世界」2019年夏号より）

言葉はできなくても野球、サッカー、ウインタースポーツなどで活躍した龍太さんには、段々と仲間ができたのです。高校生活が楽しくなってから周囲を見ると、スポーツ好きの同級生たちは勉強もしっかりやっていることに気づきました。一方で日本の仲間を見ると、大学に行っても遊ぶばかりで就職さえできればいいという感じ。「これはおかしい」と感じた龍太さんは、次の夢を持ちます。

それは、「海外の大学に行きたい」という夢。1年間の高校留学からの帰国後、1年半かけて英語を猛勉強して見事、オーストラリア、ブリスベンのクイーンズランド大学に進学したのです。当時をこう振り返ります。

・人と人をつなぐ仕事がしたい

「大学ではすごく勉強しました。単位を落とすと授業料がかかるので落とすわけにはいきませんでした（笑）。最初は経営の勉強をして会社の社長になりたいと思ったんですが、よく考えると自分は人と人をつなぐ仕事が好きだとわかったんです。だから学校の先生がいいと思って、日本語を教えるコースも受けました。すると卒業のタイミングでチャンスがありました」

――ブラジルで日本語を教えてみませんか。

ある人からの言葉に、龍太さんは二つ返事で「行きます!!」。

当時をこう振り返ります。

「実はこのときぼくにはまた新しい夢が生まれていました。通訳になるという夢です。大学時代、ブリスベンのプロ野球チームに、冬の間だけ日本の選手がプレーしに来ていて仲よくなったら『君みたいな人が通訳をやってくれたら嬉しいよ』と言ってくれたんです。英語ができる。異文化生活の楽しさも苦しさも知っている。日本文化も海外の文化もわかる。そして明るい。まさに通訳向き。そう言ってもらえて嬉しかったんです」

でも通訳をやるならもう一つ話せる言語がほしい。そう思った龍太さんは、ポルトガル語を学ぶ目的もあって誘われたブラジルの日本語学校へ。そこで2年間ホームステイをしながら先生を務め、ポルトガル語もマスターします。

そしてブラジルでの任期を終えて帰国後、通訳を目指してプロ野球球団の面接を受け、見事にDeNAに採用されたのです。2016年のことでした。それ以降龍太さんは、チームに6人いる通訳の一人として、試合やキャンプ、練習など、選手とともに行動しています。グラウンド内だけでなく、選手に頼まれたら子どもの幼稚園や学校を探したり、病院に付き添ったりもします。監督やコーチと選手の話し合いでは、その場で通訳するだけでなく、会話のあとで日本と外国の考え方や文化の違いなどの情報を追加して伝えることもあると言います。通訳という仕事に関して、龍太さんはこう語ります。

・ミッションは日本を好きになってもらうこと

「通訳の仕事は、選手が気持ちよくプレーに集中できる環境をつくることです。日本と選手の国（外国）の両方の文化を知った上で、選手がこの会話の末にどこに辿り着きたいのか？　どういう意味でこの言葉を使っているのかを理解してあげることが大切だと思います。この仕事をやる上では、ぼく自身が外国で『外人』になった経験や、異文化で感じた違和感が役立っています。そしてラボ活動を通してさまざまな異文化交流を経験してきたことも大きいです。この仕事のミッションは、海外に行きたい日本人を増やすことと日本が好きだという外国人を増やすこと。まさに通訳という仕事は、ここまでの自分の人生のストーリーが一番繋がる仕事なんです」

そんな龍太さんが、ラボっ子に向けて自分の人生を「夢」というキーワードで語ったことがありました。２０１９年11月９日。東京国立オリンピック記念青少年総合センターで開かれた集会でのこと。そこで龍太さんはこう語りました。

「夢は変わってもいい。
夢は（心に）火、灯りをともしてくれる。
夢は学びをくれる。チャンスをくれる。縁をくれる。

夢に終わりはない」

この言葉通り、いまも龍太さんは、新しい夢を求めてチャレンジを続けています。

・世界は学びに満ちている

■梅本里美さん、94年中2、インディアナ州、99年高3、1年間留学でニューヨーク州、2001年大2、カレッジリーダーでオハイオ州、仙台市の私立小学校教員、嶋岡由美子パーティ

「スペインといえば『ドン・キホーテ』。イギリスでは『ふしぎな国のアリス』に『ピーター・パン』。アメリカなら『わんぱく大将トム・ソーヤ』に『大草原の小さな家』。フランスなら『長ぐつをはいたネコ』。中東なら『アリ・ババと40人の盗賊』。1年間で37カ国、私はたくさんの物語の舞台をまわっていることがうれしくて仕方がなかったんです」

そう語る梅本里美さんは、2010年から11年にかけて、夫婦で37カ国を巡る世界一周の旅をしてきました。当時の経験をこう語ります。

「夫婦で1年間世界一周の旅をするということは、海外旅行が好きな私と夫にとってそん

なに難しい選択ではありませんでした。時間とお金が許されるなら行けるところにはどこだって行ってみたかった。今回選んだ37カ国は出発前に考えていた予算と日程をはるかに越えた数です。計画した1年間はなんとかお金ももったので、できる限り観光してその土地の文化に触れて、食べたいものを食べたくさんの友人をつくってきました」

梅本さんは、小学校３年生の時に母親がテューターを務めていた嶋岡パーティに入り、中２で１カ月の国際交流でインディアナ州へ。高３の時には1年間の留学でニューヨーク州へ。大学2年の時にはカレッジリーダーでラボっ子１００人の引率者としてオハイオ州でホームステイを経験しました。その間、嶋岡パーティとしても夏休み期間のホームステイの受け入れを何回も経験しています。つまり少女時代から数多くの異文化交流を体験した大ベテランなのです。こう語ります。

「世界中にラボの友達が住んでいますから、この旅でも知り合いの家を訪ねてずいぶんホームステイさせてもらいました。トルコ、タイ、フランスなど、世界で12家族にお世話になりました。アメリカでは大学の時のホストファミリーに再会しました。もともと『早くご主人を連れてこい』と言われていたんです。ホストファミリーとはいまも交流が続いていて、この旅のあと２０１７年には、当時５歳だった娘を連れてオハイオ州のホストに会いに行きました」

梅本さんのご主人はラボっ子ではありませんでしたが、学生時代にはバックパッカーとして旅することが大好きな人でした。二人とも海外旅行と異文化体験が大好きだったので、「主人のバックパックの体験と私の英語力があればどこへでも行ける」と考えていたそうです。世界一周の旅でホームステイを繰り返したという点でも、梅本さんのラボっ子時代の経験が生きています。（ちなみにご主人は帰国後2011年から2020年まで、ラボ教育センターの事務局員として働いていました）

・異年齢の大家族で生きてきた

世界中に友達がいて、世界の物語が大好きで、誰とでも仲良くなれる。

そんな梅本さんの性格は、ラボっ子時代に形成されました。母親（テューター）が自宅で毎週何回もパーティ活動を行っていたので、異年齢集団の大家族で育ったからです。

「当時は一軒家で自宅にラボルームがありましたから、週に何回もラボのパーティ活動をやっていました。私より年下のラボっ子しかいなかったので、ずっと長女としてラボっ子みんなを妹弟のように思って接していました。大学生のときには週に何回もパーティに出てテーマ活動をやっていましたし、ラボ・ライブラリーはいつでも家の中で流れていました。大学生ラボっ子たちは我が家で夕食を食べたりゲームをしたり泊まっていったり……。とにかくそんな大家族で育ったので、人間や物語が好きになったんだと思います」

大学の時のホームステイ先のホスト・ダディが小学校の先生だったことから決意が固まり、梅本さんも大学卒業後小学校の教員になります。この世界一周旅行の中でも、世界各国の教育施設を見て回りました。ケニアではマサイマラ国立公園で地元の小学生たちと遊んだり、カンボジアでは日本語教室を訪問したり。そういう中で感じたことをこう語ります。

「たくさんの教育施設を回って子どもたちはもちろんのこと、教育に携わる人にすごくパワーをもらってとても元気になりました。世界中の子どもたちの目は好奇心に満ちていて、可能性を感じます。それは日本の子どもたちにも感じることです。そんな様子を世界各地で見ながら『教育は世界を変えることができる』と心から感じることができました。私自身も教育に携わる人間として、子どもたちに伝えられる引き出しができたと思います。そう思えたことが、この旅の一つの収穫でした」

・世界での異文化体験

「ラボの世界」（2011年春号）の中で、梅本さんはこの旅の異文化体験をこう書いています。（一部著者抜粋）

「タイでは日本とはあまりに違う仏教を体験した。カンボジアでは、そうとは知らずにアリを食べた。インドでは気温45度、カナダではマイナス35度を経験した。ベトナムでは食中毒に苦しんだ。オーストリアでは日本の『オタク』について質問された。フランスではたくさんの日本人観光客とバスに乗った。トルコでは親日のトルコ人ファミリーにお世話になり、彼らが日本で出会った日本人すべてに感謝した。シリアではビザを取るのに4時間も待たされた。アイスランドでは温泉の習慣に癒された。スイスでは3カ国語を話せる人ばかりで、2カ国語で満足しそうな自分を恥ずかしく思った。モロッコでは砂漠でラクダに乗ってお尻が痛くなった。スペインではフラメンコに憧れた。アルゼンチンでは氷河をトレッキングした。チリではモアイ像に並んでみた。ペルーでは遺跡に驚いた。アメリカではホストファミリィとの再会に涙した。書き出したらきりがない。そんな貴重な体験が詰まった1年間だった」

そんな体験を経て、自分が教えた子どもたちのことも振り返りながら、こう語ります。

「教員時代の初期に教えた子たちは『先生の影響で旅に出ました』と言ってくれたり、一人の女の子はオーストラリアに留学したり、みんな社会人になっていろいろ活躍しています。私自身いろいろな異文化体験を繰り返して、世界は学びに満ちているということを知りました。だからあとに続く子どもたちの背中を押してあげたいと思います。

いま本当に思うのは、人と物語との出会いが人生を豊かにしてくれるということ。ラボを通じて世界中の人と物語に出会えたことは本当に感謝しています」


梅本さんはいま、仙台のバイリンガル小学校に勤務して3年目。

その生活をこう語ります。

「我が校は外国人の先生が日本人より多い職場で、職員間はもちろん英語が公用語です。ワールドワイドな発想や行動、探究活動と二言語が特色の職場。公立小学校とは違う環境に飛び込み、刺激が多い生活をしています。日本での当たり前が通用しない外国の教育事情。察することを大切にする日本とは違い、先生同士『言わなきゃわからない』が大前提になっています。言語のハードルもあり、本当にフレキシブルでないと働けない日々です。それでもその環境を楽しめるのは、ラボがあって、旅があって、家族や友人がいつも応援してくれるからだと思います」

ご主人は仙台で子どもサッカースクールの経営を始めました。二人三脚で家事と育児をし、小6のラボっ子娘と4歳の息子とチームのような家族です。

仙台という新しい土地でも人に恵まれ、新しい物語を楽しみ、２０２４年には初めてフェローシップ（大人のラボ活動）に挑戦予定とか。3月にはラボ・ライブラリーの「わんぱく大将トム・ソーヤ」を発表するそうです。

梅本さんの笑顔がはじける日々は、今日も続いています。

・コミュニケーションの基礎は小学校4年生の体験だった

■水谷隆生さん、1978年中1、カリフォルニア州、会社員（自動車部品設計）、水谷啓子パーティ

・入社早々海外担当に

「会社に就職したときに上司に『英語はどうだ？』と聞かれて『学校の成績は悪かったですけれど外国人と喋るのは苦になりません』と答えたら、『そうか、それできまりだ』と言われて、そこから私は外国人からかかってくる電話対応の担当者になりました」

名古屋で、新入社員時代の思い出をそう語るビジネスマンに会いました。

水谷隆生さん。小学生のころ母親がテューターだったことからラボに入り、中学1年の時に国際交流でカリフォルニア州へ。ロサンゼルスの砂漠のど真ん中の町で1カ月間の

ホームステイを経験しました。ホストファミリーはお母さんと姉弟の3人家族。ロサンゼルス・ドジャーズの試合を見に行ったり、まだ日本にはなかったディズニーランドに行ったり、とても楽しかったと言います。その時は、

「喋れなかったけれどボディランゲージで対応して、コミュニケーションに困った記憶がない」

と振り返ります。実は水谷さんにとっての強烈な異文化体験はそれよりも前にあったから、不安はなかったというのです。

「小学生の時に、4Hクラブのシャペロンの女性が我が家に1カ月ホームステイしていったんです。その人がゆっくり喋ってくれる人で、私とよく遊んでくれました。私は当時は喋れなかったはずですが、なんとかコミュニケーションをとっていたんですね。夏ですから お昼にひやむぎを食べようということになった時、彼女は箸で麺をつまんでおつゆの中につけることができなかった。私がこうやるんだよと見せてあげました。さらに『こうやってすするんだよ』と食べ方を教えても、彼女は麺をすすることができなかった。とても困った顔をしていました。すするという食べ方は日本人にしかできないんですね。その時不思議だなぁと思ったことも覚えています。そういう体験があったので、中学生でホー

ムステイに行くときもコミュニケーションへの不安は全然なかったですね」

水谷さんは小学生時代のこんな体験から、たとえ喋れなくても辞書を引いたりボディランゲージを使ったりして、なんとか相手とコミュニケーションはできる。言いたいことを伝えられる。相手の言いたいこともなんとかわかる。そういう自信がついたというのです。そうやって小学生時代から大学時代まで、ラボで積み重ねた異文化体験が、社会人になっても生きていると言います。

・コミュニケーションの達人

「入社してから年に3回はドイツでの会議に参加しました。上司が発表する資料を英語で書いて用意する役割です。私は学生時代の英語の成績はさっぱりで大学受験も英語のない大学を受けたくらいなのですが、英語でのコミュニケーションは技術タームさえ慣れればなんとかなるという妙な自信がありました。93年から96年まではベルギーに赴任して、フランス人やドイツ人、スウェーデン人たちとビジネスしました。それぞれ母国語のなまりのある英語ですが、慣れればコミュニケーションに問題はありません。20代のころから海外担当のリーダーにもなったので、大変でしたがやり甲斐のある仕事ができたと思います」

水谷さんはそう語ります。周囲を観察していると、学校で英語の勉強ができた人や学歴の高い人でも、英語でのコミュニケーションの経験がない人は外国人に対して、一瞬引いてしまう。けれど水谷さんは子どもの頃からいろいろな人とコミュニケーションしてきているから、自分から手を差し出して握手して「こんにちは」と挨拶ができる。そこからなんとかコミュニケーションを深めていける。

「私がどんな国の人とでも臆することなく接することができたのは、やはり少年時代からのラボの体験が大きかったと思います」

と振り返ります。

その後水谷さんは、2011年から16年までの5年間はミシガン州のデトロイトの近くにあるテクニカルセンターの代表者として赴任します。この時は生まれていた子ども二人（3歳と4歳）も連れて、家族での海外生活だったそうです。

会社内では海外通で通っている水谷さんですが、子どもが成長するにつれて、家庭内では違うプレッシャーを感じるようになってきたと言います。

・パパ、その発音違うよ

「アメリカ赴任時代、子どもたちは小学校に入学すると月曜日から金曜日までは現地の小学校に通い、土曜日だけ日本語の補習校に行っていました。家でも兄妹で喋る時は英語で、私たち親と喋る時は日本語でした。すると当然のことですが、英語の発音は息子たちのほうが断然いいのです。子どもは耳がいいですからね。3軒隣の子がアンドリューという名前だったんですが、私が『アンドリューと遊んできたの？』と聞くと、ニコニコしながら『お父さん、それ誰？』って言うんです。私がもう一度『アンドリューだよ』といっても『それちがうよ。Andrew だよ』って、ちょうど乳歯が抜けたころの女の子がニコニコしながら発音を訂正してくる。それが憎たらしくて憎たらしくて。お父さんの英語はわからないと、ずーっと言われていました。子ども2人は帰国後もテレビではディズニーチャンネルを見ていましたし、アメリカのテレビドラマを見ても2人で楽しそうに笑っています。少年時代に培ったコミュニケーション力は本当にすごいですね」

水谷さんが10代で経験した異文化体験を、子どもたちは現地で体験して更なるコミュニケーション力を獲得していく。そんな二代三代に渡る異文化体験が、ラボっ子ＯＢ・ＯＧの中では珍しいことではなくなっています。

・非日常空間を自分でつくりたい

■荻原貴則さん、1999年オハイオ州、2003年オレゴン国際キャンプ、宇都宮市で古着着物「きものHAUS」経営。宇都宮「宮魁道中」主宰、国井克子パーティ（宇都宮）、三井麻実パーティ（神奈川）

・非日常体験のルーツはラボ活動

野山の彩りが街に降りてきた2023年11月26日日曜日。あいにくの小雨の中、栃木県宇都宮市の商店街のメイン通りに、美しく艶やかな着物姿の女性たち約65人が集まりました。

この日開かれていたのは、2018年に始まり、途中コロナの影響で2年休んだものの、今年で4回目を迎える盛大な着物イベント「宮魁道中（みやらんどうちゅう）」です。その語源となった「花魁（おいらん）」とは、江戸時代殿様が惚れてしまうほどの絶世の美人。その派手な衣装は現代の女性たちにとっても憧れの存在です。

着物姿の女性たちは商店街のメインストリート「オリオン通り」を練り歩きます。その中央にある広場では、昼からポールダンス、スラックライン、ダンスパフォーマンス、和太鼓やバンドの演奏、そして着物のファッションショーなどが行われ、20近い飲食店の屋台も出店しました。1万人を越える大勢の市民が集まり、思い思いにその空間を楽しんでいます。宇都宮といえば餃子が有名ですが、「宇都宮は着物の街」というイメージも定着してきました。「宮魁道中」はいまや市民にも浸透した秋の風物詩になっています。

そのイベントを企画し運営しているのが、市内で古着着物「きものHAUS」を経営するラボっ子OBの荻原貴則さんです。やはり市内にある創業70年を越える呉服商「呉服おぎはら」の息子でもあり、普段から自分でも凛々しい着物姿で生活しています。「宇都宮で着物を着る人を5万人に増やしたい」、「着物を使って地域を活性化したい」という目標を立てて、地域の仲間たちとこの活動を続けているのです。

その原点には、4歳から始めたラボ活動、ことにキャンプや国際交流があると言います。それはどんな意味なのか、宇都宮を訪ねると、荻原さんはこう話しだしました。

「2018年に初めてこの企画を立ち上げて花魁になりたい人を募集したときに、最初に応募してきてくれた女性がこう言ったんです」

——花魁になるのが夢でした。いまは主婦で子どももいて毎日同じことの繰り返しだけれど、花魁になることができたら元気が出て、いまから3年間は頑張れると思うんです。だから花魁に応募しました。

「それは40代半ばの女性でしたが、この人にとって花魁になることは非日常の世界で、それを体験することで夢を持てる。その言葉を聞いて改めて自分自身の10代のころのラボ活動を思い出しました。それはまさに非日常の世界だったのです。その時改めて、ぼくは故郷の宇都宮であの頃のラボ活動のように非日常を演出して、人々に夢を持ってもらう活動をしていきたいんだと思ったのです」

この言葉通り、荻原さんにとって10代の頃のラボ活動は、「非日常のワクワク感」に満ちていたそうです。

「小学生時代から黒姫キャンプが大好きで年に3回はラボランドに行っていました。何カ月も前から楽しみで仕方なくて、行けば非日常を体験できました。もちろんキャンプが終わるときは日常に帰る悲しさがあったけれど、すぐにまた次のキャンプを楽しみにして……。テーマ活動は好きではなかったけれど、主人公は非日常に生きていて、生きる原動力になった。中1でオハイオ州にいった国際交流では、到着直後に滞在した州立大学の寮の二段ベッドから落ちて鼻の骨を折って大変だったけれど、何もかもが日本と違う異文化が面白かった。高2で行ったオレゴン国際キャンプでは、大自然に感動しました。ナメクジを舐めたら舌がしびれたし、サソリはいるし、信じられないほど大きな木があるし。歩いていると近くにヒグマの痕跡があって、いまここでヒグマと出会ったら人間はすぐに死ぬんだなと思いました。テントで眠るときには『匂いのあるものはテントに入れるな』と言われるほど、本当にヒグマの棲息地に近いところでキャンプしていたんです。キャンプ中の3週間は、大勢の中学生たちと行動を共にして言葉は不要で、感動を分かち合った。すごく心地いい面白い非日常体験でした」

そんな10代での非日常体験があったからこそ、いま宇都宮で「着物による非日常空間」を生み出そうとしている。それが荻原さんの「宮魁道中」開催のモチベーションなのです。

・常にお姉ちゃんの後をついていた

とはいえ、10代の頃の荻原さんのことを、「呉服おぎはら」の二代目社長であるお母さん（葉子さん）はこう振り返ります。

「貴則は小学校1年のころは月に一度も宿題をやっていかないような子どもでした。中1で国際交流に行ったときも、スーツケースの開け方がわからなくて、鍵もなくしてホストファミリーにこじ開けてもらったそうです。いつも長女のお姉ちゃんが1番で、貴則は2番目でお姉ちゃんについていく存在でした」

当時から「ノリダー」というニックネームで呼ばれていた荻原さんは、「コロ」と呼ばれたお姉さんの子分格。自分が先頭に立つことはなかったといいます。

ところが社会人になって25歳の時に銀座の着物リサイクル店に修行に出て、約3年間厳しく仕事を仕込まれたことが転機となりました。28歳で宇都宮に帰って来てからは、仕事の上でも生活の上でも「リーダー格」になっていたのです。

その3年間をこう振り返ります。

「あの時代には、リサイクル店の社長に徹底的に鍛えられました。毎週末、山口県・京都府・青森県それから四国等の地方を廻り、着物を売りたい人の家で着物を見て査定（値付け）して買い取ってくるのです。年間で300軒は廻りました。そして買い集めた着物を使って年間15回はデパートの催事場で売りさばく。もちろん販売して赤字が出たら社長は1週間怒り続けています。買い取るときの経費も考えて、たとえ100円でも黒字にならなかったら許してもらえなかった。そういう生活を3年半続けたことで、ぼくには着物を見る目ができたと思います」

当初荻原さんは、この修行は3カ月程度で終えるつもりだったといいます。ところが社長の仕事を見て、それではとてもこの仕事を覚えられないと感じて、1年、また1年と修行を延ばしていったのです。お母さん曰く「寝言で社長の名前を言うくらい、厳しく仕込まれていた」そうです。

そんな日々を経て、28歳で宇都宮に戻ってきた荻原さんは、実家の呉服店には戻らずに自分で新しい店を出すことを選びます。その時考えたのは、実家とも修行先ともかぶらない形で着物を扱うこと。具体的には、

「実家で扱うのは超高級品ですから、着物の価格は数十万円から数百万円します。修行先は着物リサイクルでしたがやはり高級品で8万円から10万円の着物を扱っていました。ぼくはそれに対して、ぼくら若者世代、着物のビギナーが気軽に着られる5000円代の着物だけを扱うことにしました。安価でも質のいいものを売ればいい。時代が求めているんだから絶対に売れる。そういう自信がありました」

・テーマ活動は絵が浮かぶ

そしてもう一つ。荻原さんが着物を見る目を養ったのは、修行時代だけでなくラボのテーマ活動でもあったと言います。

「ぼくは初対面のお客さまでも、一目見た瞬間にこの人はどんな着物が似合うかわかります。そういう自信がある。その訳は、修行でたくさんの着物を見たこととともう一つ、10代のころのテーマ活動にも理由があると思っています。

なぜならテーマ活動はどんな役でもみんなジーパンとTシャツで役を表現します。みん

な同じ外見だけれど、だからこそ空気感や香りでその役を表現する。そこで絵本では表現できない情景とかイメージ力がかきたてられたんだと思います。お客さまと出会ったときも、このイメージ力で『最適な着物』が絵で見えるんです」

荻原さんはよく、「絵が見える」と表現します。

テーマ活動で森を演じるときは、森の絵が浮かべばその木を表現できた。28歳で宇都宮に帰って来たときにお客さまから「せっかく買った着物を着ていくところがない」と言われたときは、花魁道中の絵が浮かんできた。このイベントをやればいいんだと思って、すぐに準備を始めることができた。

それらは、「何もないほうが豊かに表現できる」というテーマ活動で鍛えられた感性のなせる技でもあるのです。

・コーチ会議時代の経験も役立つ

さらにこのイベントの準備を始めてから役立ったのは、ラボの高校時代のシニアメイト活動や、大学生時代のコーチ活動だったと言います。

「企画を考えたときに、20人くらいがボランティアで手伝ってくれて、実行委員会を立ち上げました。この時参考にしたのは大学時代のラボのコーチ会議でした。あの時は自分が絶対に正しいと信じ込んで上から目線でリーダーをやっていたのですが、その反省から、今回は自分は頭を下げることに徹しました。トップに立つ人間は、みんなのやる気を引き出せばいい。そう考えて、自分はスポンサー企業や行政や警察に頭を下げて回ったんです。そこがコーチ会議時代とは一番変わった点だと思います」

修行時代の社長の教えを守って、荻原さんは1年目から絶対に赤字を出さないという方針で臨みました。花魁希望者70名から集めた着付け料1万5000円、トータル約100万円でイベントをやりきったのです。そこに観客が約5000人やってきて、イベントは大成功しました。その成功をもとに2年目にはスポンサーを集め、イベントを大きく華やかにしました。NHKも取材にやってきて、約1万人が参加するイベントに成長したのです。荻原さんは実行委員会を一般社団法人化しました。県や市、宇都宮観光コンベンション協会、下野新聞社等の後援もとり、宇都宮市の着物のムーブメントはますます広がる勢いです。

いまでは実行委員会には、かつてのラボ仲間が副会長（橋本卓磨さん）、経理（増田麻衣さん）、ステージ統括（荻原千佳さん）、本部スタッフ（井上ゆきみさん）として参加してくれています。

着物を使って非日常をつくり、宇都宮を着物の街へ……。
10代に描いた夢の延長が、いままさに故郷で花開こうとしています。

・英語は自分の武器だと思った

■小林大祐さん、1988年ネバダ州、1992年ラボ高校留学でインディアナ州、日本テレビ傘下のeスポーツチーム「AXIZ」を運営するアックスエンターテインメント社代表、島村悦子パーティ

本書執筆中の2023年は、スポーツ界においてエポックな年になりました。6月に、IOC（国際オリンピック委員会）と各種目の世界スポーツ競技連盟、ゲーム会社が共同で企画した「オリンピック・eスポーツシリーズ」が初めてシンガポールで開催されたのです。アーチェリー、野球、チェス、ダンス、モータースポーツ等の10競技をネット上で行う大会ですが、ここにオンラインゲームで世界的な人気の「フォートナイト」も加わりました。ラボっ子の中にも注目していた子も多かったのではないでしょうか。

IOCのトーマス・バッハ会長は、その開会式でこう語りました。
「世界で約30億人がeスポーツに興じています。その大半が34歳以下であり、若々しいの

がその大きな特徴です」

観客（興味を持つ人）の高年齢化に悩むオリンピックに対して、ｅスポーツのファン層は若々しい。しかもオンラインを通して、世界で対戦することも観戦することもできる。

この大会では、世界から１３０人の選手が参加し、10の男女混合カテゴリーで戦いました。３月に行われた予選を含めると約50万人がリアル観戦し、世界で６００万人以上がライブ視聴したといわれます。しかもその75％は13歳から34歳の若者たち。まさにスポーツ界の「希望」ともいえるのがｅスポーツなのです。


そのムーブメントの日本における中心の一つは、日本テレビがつくったｅスポーツチーム「ＡＸＩＺ」であり、その代表を務めているのがラボＯＢの小林大祐さんです。

現在は世界的に人気の３本のゲームでプロ契約選手が20名（10代〜20代中心）という小さなチームですが、ゆくゆくはゲームのジャンルも増やして40名ほどのマルチゲーミングチームを育てていく計画だと言います。チーム運営だけでなく、現在は月に一度火曜日の深夜に放送しているｅスポーツのテレビ番組「ｅＧＧ」を成長させ、テレビ局主催の世界大会等も企画していきたいというのが小林さんの考えです。

はたしてどんなプロセスを経て小林さんはこの仕事についたのか。

その原点には、「自分の武器は英語だ」という思いがあったと言います。

•二度の国際交流体験がベースになる

「私は中学2年の時、国際交流でネバダ州へ、高校3年ではインディアナ州で1年間留学を経験しました。帰国してから東京外国語大学の英米語科を目指して半年間猛勉強して進学しました。英語や英語文化を最高峰の学部で学んでいたころから、将来は英語が自分の武器になるんだなと思っていました。振り返るとラボでの2回の国際交流体験がそのベースにあると思います」

小林さんはそう語ってから、二度の異文化体験をこう振り返ってくれました。

「中学2年での国際交流では、本当に新しい世界を見たという貴重な体験をしました。日本人とは行動も考え方も違う異文化でした。その驚きが高校3年での留学に繋がるんですが、何でこの人たちはぼくの常識と違うことをするんだろう、何で違う考え方をするんだろうと不思議でした。でもそれは国の歴史が違ったり、民族の生き方が違ったりすることから来ている。たとえばアメリカでは、親子でもめちゃくちゃ口げんかをします。子どもでも論理立てて自分がやりたいことはこうだと主張して親を説得しようとする。そういう討論の文化は、日本人の察し合う文化とは違うなと感じました。二度の異文化体験では、いろいろなシーンでそういう違いに目を開かされる感じがしました」

やがて小林さんが大学を卒業して社会に出るころに、世の中にはインターネットが登場して爆発的に世界に広まります。当初ホームページは英語だけの世界でした。その後日本語でも続々とホームページが生まれてくるのですが、最初のころの情報はまずは英語で流れてきた。小林さんは得意の英語力を駆使していち早く世界の最新情報をゲットして、それをビジネスに生かすことができたのです。まさに武器だと感じていた英語を生かすことができる世界でした。

・アメリカの大学院でMBAを取得してさらに武器を磨く

その後小林さんはさらに英語力を磨くために、最初の会社を退職してアメリカのノースウェスタン大学大学院ケロッグ校に2年間私費留学。MBA（経営学修士号）を取得します。ここでは世界の優秀な若手ビジネスマンらとともに、経営学を学びました。そして卒業後マッキンゼーという世界的なコンサルティング会社と伸び盛りのゲーム会社「グリー」を経て、テレビ事業に変わる新事業を求めている「日本テレビ」に入社します。

日本テレビでは、これまでになかったeスポーツという分野でビジネスを立ち上げる「新規事業」の担当者になりました。eスポーツのチームを運営して世界の大会で活躍する。日本で新たに大会を企画する。これまでテレビ局がやったことのない事業を手がけることになったのです。もちろん相手は世界ですから、小林さんの持つ「英語」という武器が生きます。インターネットが生まれた直後のように、生まれて間もないeスポーツという新しい「価値」を日本に定着させて広めるために、誰も歩いたことのない道を歩きだしたのです。

それはテレビ会社において、「テレビを越えろ」という壮大なテーマなのです。

この原稿を書いている2023年の暮れには、こんな報道もありました。

「国際オリンピック委員会（IOC）が新設を検討している『オリンピック・eスポーツ・ゲームズ』について、日本に2026年大会の開催を打診していることが複数の関係者の取材でわかった」（2023年12月30日、毎日新聞）

この企画が本当に日本で実現したら、2030年の札幌冬季オリンピック開催断念のニュースがあっただけに、日本のスポーツ関係者には喜びの大会になるはずです。また日本テレビでeスポーツ事業を実施してきた小林さんにとっても、大きなチャンスです。

10代のころに体験したラボ活動の中で英語を武器とする感覚を持ち、新しい世界への扉を次々と開いてきた小林さんの活動が「eスポーツ」の世界で花開く。
その大輪の花が開く知らせを、心待ちにしたいと思います。

2　10代の「あの夏直後」の感想文

次に、歴代の「国際交流直後の感想文」を紹介しましょう。文章を通して、瑞々しい10代の感性が蘇ってくるはずです。

■山崎浩史さん　中2、九州支部宮崎地区、足立喜久子パーティ

オレはこの夏たくさん学んでたくさん感じた。出会いと別れを知った。たくさん出会ってたくさん別れた。

出会わないとできないこと。別れをけいけんした人間だけがわかること。たくさん知った。Thank you を言った。たくさん言った。感謝されることのすばらしさ。感謝するこ

とのすばらしさ。Thank you が言えるすばらしさ。たくさん言った。

自分のことは自分でやった。はじめてだった。いつもなにかやっているホストがうらやましかった。大人だった。差を感じた。カッコよかった。うらやましかった。自分のことは自分でやりたかった。本当の自由を知った。オレの知っている自由は自由じゃなかった。自由には責任があった。本当の自由のすばらしさを知った。

そして自分を見つけた。可能性を見つけた。今を生きたい。１００％で生きたい。苦労したっていい。なやんだっていい。デッカイ壁だってさけたりしない。真正面からぶつかっていつかきっとのりこえる。

最後の夜そんなことを考えながらベッドに入った。

そして目をとじてふと思った。

「これが成長なんだ！」

(この作品は元事務局員中内幸男さんが編集出版された冊子に掲載されていました)

・１９８０年の感想文～「ことばの宇宙」、「ラボの世界」より

１９８０年の国際交流の参加者は約１７００名。アメリカ27州で交流と友情の旅を繰り広げてきました。国際交流開始から9年目。セントヘレンズ火山の噴火やアメリカ南部で猛威を振るった熱波等の心配なニュースもありましたが、「ラボの世界」（80年8月20日号）では、「広大な大地にのびのびと翼を広げて、夢のようなページェントを彩りゆたかに織り上げてきました」と綴られています。

■余語なつ美さん　1979年カリフォルニア州、大1、水谷享子パーティ

ラモナって町は、ほんとにアメリカのいなか、西部って感じの強いところで、家には馬4頭、羊3頭、子牛5頭、それに豚がたくさん、犬が3匹、ネコも3匹いたんです。私も、着いたその日から馬にのせてもらったり、羊の散歩に行ったり、豚にえさをやるのを手伝ったり……。日本にいるときは考えられないような生活でした。豚なんか、きたないし、ハエがいっぱいたかっているし、近づくのもいやだった私が、えさをやったり、さわったりしたんです。豚のお産に2回も遭遇しました。母さん豚が苦しそうに息をしながら……。もうなんともいえなかった。感激しちゃった。母さん豚のおなかから出てきた子豚たちは、いっしょうけんめい自分の足で立とうとするんです。立ちあがると、今度は、まだ目がみえないのに、母さん豚のおっぱいにしゃぶりついていくの。（中略）あの12匹の子豚たちに、また会いたいわ。（抜粋）（「ことばの宇宙」1980年3月号）

■山田祥子さん　１９８０年オハイオ州、高2、中島操パーティ

私のホストファミリーは、お母さん（４Hアドバイザー）、22歳のお兄さん、18歳の、私が文通しているあいだ私のホストフレンドだと思っていた女の子スーザン、お母さんの恋人ボブ、そしてスーザンの14カ月になる赤ちゃんでした。ちょっと変わっているでしょ。でも実際、スーザンは別にホストフレンドというわけではなく、私はお母さんの独断で、この家族と、彼女のグループの４Hファミリィ全体に受け入れられたような感じでした。

（中略）

ある日の夕方、シンシナティ・レッズの試合を見に行くというので支度をしていたら、彼女（スーザン）もどこかへ出かける様子なので「あっ、きょうはスーザンもいっしょに行くのかな」と期待していたら、私のそんな様子を察したらしく、スーザンが「私は今晩、映画に行くのよ」といったときは、ほんとにガッカリしました。（中略）

でも、ある日、思ったんです。そんなことやってる場合じゃない！　って。そして、このステイをよくするのもわるくするのも私一人の行動にかかっているんだ。それに、今この家族をHappyな気分にさせることができるのも、また反対にとてもUnhappyな気分にさせるのもこの私なんだ、と。それからは、何がおきても、自分自身が今アメリカで経験しているんだという実感を大切にするようになりました。（「ことばの宇宙」１９８０年

10月号）

■小野木利佳さん　1980年コロラド州、中1、棚橋久子パーティ

「利佳のアメリカ日記」

8月5日、明日のカウンティ・フェアに家のうさぎ15ひきを出すので、きょう、車につんだ。たくさんのうさぎがかごの中に入れられた。全部で226ぴきだ。耳のたれているの、茶色一色、白と黒、毛のふさふさしたの、目のまっ赤なの……。たくさんいる。みんな、大いそぎで世話をしている。どの人も自分の家のうさぎを1位にしたいと、毛の手入れや、えさをたっぷりやっている。

家はなんとなくおちつきはらっている。もしや家が1位を……なんて！　でももし1位になったら私、じまんできるな。家はお母さん5ひき、シンディ（ホスト）5ひき、ローリー（妹）5ひきです。それぞれいつも自分で世話しているうさぎです。

8月6日いよいよコンテストがはじまります。年とった、かんろくのあるおじさんと、ひげもじゃの、少し若い人のふたりが、しんさする人です。みんなのうさぎが台の上にず

らーりとならびました。よりどりみどりです。はしから順に、毛を前後になでたり、耳をみたり、体のかたちをたしかめたり、重さをはかったり、おしりをたたいて歩きぐあいをみたりしています。（中略）

いよいよ発表です。ぜんぜん私の家の名前がでてきません。と、さいご！　なんと、ほかの人の名前で、けっきょくトロフィーもメダルも何ももらえませんでした。15ひき中1ぴきくらいくれたって……。でも、しかたありません。（「ことばの宇宙」１９８０年11月号）

■澤田光暢くん　１９８０年オハイオ州、中2、倉知淑子パーティ

「託された兵士の遺品」

オハイオ州ストライカーの農場の生活は、今まで経験したことのない自然とのふれあいがありました。（中略）ある日、中年のおじさんが私に面会にきてくれました。おじさんは「フィリピン戦で記念に持ち帰ったが、家族に返してほしい」と、「武運長久」と多くの人のサインが書かれた日本の国旗、それに一冊の国語辞書を手渡してくれました。国旗

は、出征兵士が家を出るとき、無事を祈って家族や知人がおくるもので、兵士は戦場で肌身離さず身につけているものと知っていました。多くの人の願いと魂が宿っています。間もなくくる8月15日は終戦記念日。戦争を知らない私でもこれは大切なものとわかります。果たして日本に持ち帰って、無事家族に渡せるかなぁ、責任重大だと、丁寧にトランクにしまいました。（中略）（帰国後、国旗には「福井健男子」と書かれていることがわかり、NHK福井放送局を通じて遺族を探してみることになった）放送直後、およそ30件の電話がNHKに寄せられ、結果はその日のうちにわかりました。福井県坂井郡三国町××の××さんから「弟のものです。出生のとき贈ったことをおぼえています」という連絡が……。

（中略）

今度のアメリカでのホームステイを通じて、数多くのことに出会い、思いもかけぬ役にも立ち、社会勉強ができて、一生の思い出となりました。貴重な経験に感謝したいこのごろです。（「ラボの世界」80年10月20日号）

・1990年の感想文

1990年の国際交流への参加者は全1351名。アメリカ1093名、オーストラリア43名、受け入れ215名という内訳です。翌年の91年には、国際交流20周年を迎えます。

「ことばの宇宙」には、「国際交流という言葉が日常語になった」という表記もみられます。ラボ国際交流はその先駆として、いつの時代でも変わらない交流が続いています。

まずはアメリカから4Hクラブのメンバーを受け入れたケースからご紹介しましょう。

・4Hクラブメンバーを1カ月受け入れて

■市村征爾郎くん　1990年アラスカ州から受け入れ、中3、衣松郁子パーティ

「アラスカから来た挑戦者」

今年アラスカから来たCedarは、去年の夏ぼくが1カ月ホームステイしたときのホストフレンドです。Cedarはいたずら好きのおもしろいやつで、遊びの天才でした。ディズニーランドでまいごになったり、ラボのサマーキャンプで水とうもぼうしもないのに黒姫山に登るといってきかなかったり、いろいろとてこずりました。でも、いろいろなことにトライしてくれました。食事のときはスプーンやフォークをぜったいに使わず、はしだけを使いました。スプーンやフォークをすすめても「ぼくは2本で生活しているから」とことわるのです。ほかにも、ベッドよりふとんで眠りたいというし、シャワーより風呂には

いりたがりました。Cedarは先生からプレゼントされたゆかたがたいへん気にいり、風呂あがりにはかならず着ていきました。パーティ合宿にも持っていってました。しかし、よごしたくないのか、しわになるのがいやなのか、眠るまえにはぬいで眠っていました。ちょっと変わったたいいやつです。（中略）

アラスカで日本語を勉強してきたらしく、日本語にはかなり興味をしめしました。口げんかのときなどは日本人にもおとりません。「バカ」といえば「アホ」とかえってくる。「ブタ」といえば「ゴキブリ」とかえってきます。ほかにもネズミ、キザ、トンマ、いろいろいいかえしてきます。もうひとつおどろいたこととしては、日本語のテレビをよく見ていて、帰るころには「ごらんのスポンサーの提供でおおくりしました」と口ずさんでいるのです。テレビで何回もいうので、かってに覚えていたのです。これには家族全員がおどろきました。

富士山、芸者のイメージがとても強く、芸者の着物をほしがりましたが、けっきょく日本人形を買いました。（「ことばの宇宙」1990年11月1日「地平線白書'90」）

• 1年間留学生の声

次に、高校生として1年間留学に参加したラボっ子の報告文を紹介しましょう。

■鈴木めぐみさん　１９８９〜90年ラボ高校留学、オハイオ州、高２、鈴木京子パーティ

「積極的に自分を表現する」

私が日本を発ってから、約４カ月が過ぎました。夏休みの１カ月間はホストファミリィとすごし、私の留学生活は始まりました。

私の通っている学校は、カソリックの女子校。アメリカの学校というと、すぐに公立を想像する私にとって、これはそれらの思い込みを取り除くいい結果となりました。友だちの話を聞いてみると、私立と公立では色々な面で違いがあります。まず、一番の違いは授業料でしょう。公立は政府が援助してくれますが、私立では生徒や親が雑誌やラッフル・チケット（富くじ）を販売することなどで援助します。私立は規制も厳しいようです。生徒一人ひとりがコンダクトカードを持っており、何か態度が悪いと、そのカードにチェックされます。そしてその数によって罰を負うわけです。（中略）

こちらの高校生をみると、考え方がとてもしっかりしているのに驚きます。一人ひとりが自分の意見をきちんと持っています。廊下ではだれもが胸をはって堂々としていますし、学年の区別など関係なしという態度です。表面より中身に目を向け、それを認めてくれま

す。精神的にもずっと成長しています。高校に入るとアルバイトを始め、高2になれば車の免許も取り始めるという彼ら。そういったことで社会の一部に仲間入りし、自然と責任感を養うのでしょう。また、授業でも理解できなければすぐに手をあげて質問し、先生方もそれに一つひとつ丁寧にわかりやすく答えてくれます。手をあげることに恥ずかしさを感じていた私でしたが、今はそれよりも、黙っていて誤ちにふたをしてしまうほうを恥ずかしく感じています。

アメリカですごしてみて、いつも受け身でいては、人とうちとけられないことを実感しました。自分を表現し、相手に存在を認めさせてはじめて受け入れられる。また、まず他人に自分が必要としていることを感じさせなくては他人も必要としません。それらが最近わかってきて、さらに目の前が開けてきました。これからあと7カ月、その限られた時間で、どれだけ自分を印象づけられるか、今の私の課題です。(「ラボの世界」1990年1月号)

•「良き兄貴分になりたい」~カレッジ・スタッフの声

次に、大学生が海を渡るラボっ子を支援する「カレッジ・スタッフ(現・カレッジリーダー)」の一人を紹介しましょう。この制度は1988年にスタートしてこの年で3年目。

この段階ではまだ10人程度しかこの役割を務めていません。

前の章で書いたように、日頃から異年齢集団で活動するラボでは、ある時期から春夏冬のキャンプでは高校生たちが「シニアメイト」としてロッジリーダーを務めるようになり、大学生は「大学生コーチ」として、キャンプ自体の企画を考える役割をにないます。

そして88年からは、国際交流にも大学生がラボっ子たちの引率者として、1カ月の旅に同行する制度をスタートさせました。

そんな新しい制度にチャレンジした小島剛くんのレポートを紹介します。

■小島剛くん　1983年ネブラスカ州、1986年オーストラリア、1990年オクラホマ州、カレッジスタッフ、大3、内山昭子パーティ

「ラボっ子のよき兄貴分として」

1990年夏、私は3度目のラボ国際交流に参加します。1983年はネブラスカ州、1986年はオーストラリア、今回はオクラホマ州です。過去2度とは異なり、ラボ・カレッジスタッフとしての参加です。この制度は今年で3回目と新しく、ラボ国際交流の現

場で私がかかわれることをたいへんうれしく思っています。（中略）
この活動に対していくつもの抱負があります。1つめは、ラボ組織の中のカレッジスタッフとしてです。実際には、いっしょに行くスタッフやシャペロンに協力するということですが、大学生に責任ある活動を与えてくれたラボとの信頼関係を大切にしたいことです。2つめは、カレッジメイト活動（日常的なラボの大学生活動）の中のカレッジスタッフです。いつもいっしょに活動している仲間にこの活動を知ってもらい、位置づけたいと思います。3つめは、ラボっ子としてのカレッジスタッフです。ひとりだちへの旅をめざして国際交流に参加するのもラボっ子、引率するのもラボっ子。これをどのように表現すべきでしょうか。ラボ・キャンプなら、キャンパーとシニアメイトの関係でしょうか。一カ月間、よき兄貴分として、自分もこうだったんだと思い出しながら、ラボっ子とつき合っていきたいと思います。4つめは、3つを合わせたものです。これらすべてはとにかく自分のためです。自らの新たな可能性を発見し、いっそう成長したいと思います。そして10年以上活動しているラボを総括する意味も含めたいと思います。とにかく精いっぱいがんばります。（「ラボの世界」1990年7月号）

・２０００年の感想文

新たに21世紀を迎える前年の感想文は、参加者が帰国途中の機内で書いた「成層圏からの手紙」から紹介しましょう。１カ月の異文化交流を終えて興奮さめやらないラボっ子たちの「とれたてホヤホヤ」の言葉が踊っています。

■山内美奈子さん　２０００年ジョージア州、中2、大屋幸子パーティ

アメリカでいちばんいわれたことは、"Try it!"。わたしは「見ためが悪いから食べない」とか、「こわそうだから、できないから、やらない」とか、今までそういうふうにして、チャレンジしなかったけど、アメリカで思いきってやってみた。そしたら、すごく楽しかった。できないことに一生懸命チャレンジすることで、壁がすぐになくなった。

■金山純一くん　２０００年ジョージア州、高2、寺内真知子パーティ

ホストはいたずらばかりしてきてじゃまだと思ったこともあったけど、いざっていうときは、いつもちゃんとフォローしてくれました。ぼくのへたくそな英語をだれよりも最初に理解して、みんなに伝えたりしてくれたのもポールでした。

■山下紗貴さん　2000年カナダ・ノヴァスコシア州、中2、吉永久美パーティ

ひまな毎日にいや気がさして、ホストの妹にやつあたりしたりしてしまった。そんな自分がきらいになったけど、ここでしずんでたら、今までなにを学んできたんだ！　と思い直した。国際交流のノートのヒントをみて、「こういうことなら、わたしにもできるぞ」ってやってみた。そしたらすっごくたのしい。自分がたのしいとホストもsmileいっぱいになる。世界じゅうの幸せをひとりじめしたような気分になった。

■尾崎真佑子さん　2000年カナダ・ブリティッシュ・コロンビア州、中2、岸晶子パーティ

笑顔は人と人をつないでくれる。笑顔のおかげでホストやカナダの友だちとなかよくなれた。友だちに日本語を教えたり、フランス語を教えてもらったり……。友だちってすてきだ。「楽しめばいいんだ」と気づいた日から、今までゆっくりと回っていたわたしの時間は風のようにはやくすぎていった。

■加藤洋美さん　2000年ニューヨーク州、高1、横地春美パーティ

ホストがいっしょうけんめい説明してくれているとき、「それは何？」と話しをとめて

はダメと思っていた。でも、それはまちがいだと気づいた。わかろうとする努力と、わからないことをきく勇気と、自分の英語への自信がなかった。それからはよく聞いて、よくたずねて、よく話した。努力、勇気、自信。欠けていた大切なものを得た。

■田中葵さん　2000年ペンシルヴァニア州、中2、辻本裕子パーティ
とくにうれしかったのは、ホストがわたしと顔をあわせるたびに「Hello!」って言ってくれたこと。洗面所から出てきて、畑から帰って「Hello!」、車に乗って、地下室から戻って「Hello!」。あらためてあいさつの大切さがわかった。

国際交流半世紀の歴史の重み

14歳の少年に励まされて、旅は一生の宝物

ROWING TO ANOTHER DAWN

ラボっ子旅に出る。——おわりに

・帰国報告パーティ合宿

「へぇ～、50年も前の参加者がいるんだ～」

その時、部屋にいた大勢のラボっ子と保護者からは、期せずして驚きのため息と小さな拍手が沸き起こりました。本書執筆中の２０２３年8月26日。都下町田市にある合宿施設「ネイチャーファクトリー東京町田」では、都内で活動する渡辺尚代パーティの国際交流帰国報告会兼パーティ合宿が行われていました。コロナ禍があって２０２０年、21年、22年と開催ができなかったので、4年ぶりの合宿ということになります。

その報告会も後半になった頃、「ではＯＢ・ＯＧ集合！」というテューターの号令で部屋の前に出て並んだのは、この国際交流のかつての参加者たち、20代から40代の世代を中心に、約15名の大人たちでした。一人ひとり「10年前、ニューヨーク州に行きました」、「22年前にカンザス州にいきました」というふうに自己紹介が続きます。その中に、「49年前、第3回交流でネブラスカ州に行きました」と語るＯＢがいたことから、「半世紀も前に～!?」と思わず驚きの声があがったというわけです。幼稚園や小学生のラボっ子から見れば、60歳を過ぎた彼はもはや「おじいさん」世代です。そういう世代もこの国際交流活動を体験した「ラボっ子の仲間」なのだという事実が、子どもたちにとっては驚きだったのでしょう。保護者にとっても、ラボという組織の半世紀の歴史を改めて感じる機会になりました。

この日の集いに参加していたのは、この夏の国際交流から帰国したばかりの6人のラボっ子を含めた約30名の子どもたちと、その保護者やパーティのOB・OGたちでした。社会人のOB・OGたちも仕事を終えてから駆けつけて、「テューターお久しぶりです」と挨拶すると、10代のラボっ子たちに混じってさまざまなプログラムを楽しみます。年代的には幼稚園年少組のラボっ子から70代後半の大人まで。まさに異年齢の極みであり、その親密度からすると、テューターを中心とする巨大ファミリーのような集団です。本書で綴ってきたこの国際交流が半世紀続いてきた一つの理由は、こんな行事と集団を通じて「体験の継承」が世代を越えて行われているからです。その現場を見るために、私もこの集いに参加させてもらいました。

・年長者の働きぶりを真似て

午前中、子どもたちは森の中の広場で「だるまさんがころんだ」やしゃぼん玉飛ばし等で楽しみました。午後は保護者がリーダーとなって、室内でのタマネギの皮を使った染め物体験です。

3時過ぎからは、全員で野外炊事場に出て薪を割ったり食材を切ったり火を起こしたり。大BBQ大会の準備が始まりました。60人分の夕食をつくるためには大量の薪が必要で、小型の斧を使っての薪割りが続きます。食材も、大きな肉の塊や丸ごとの野菜を、適当な大きさに切ったり分けたりしないといけません。調理が始まれば、火力の調整や大きな鉄板に油を敷いて肉や野菜を炒める作業が始まります。

その作業で先頭に立って活躍していたのが、1章で紹介したこのパーティに所属する小宮怜奈さんのお父さんで、ラボOBの篤志さんでした。太い木を4分の1にする薪割りも、キャンプファイヤーで使う巨大な積み木の組み立ても、食材の準備や下味つけも、篤志さんが全てに段取りよく指示を出して作業の中心となる中学生や高校生たちをリードしていきます。

「さすがにラボOBですね」と声をかけると、

「大学生時代はコーチをやっていて、年間8回くらいラボランドに行っていましたから。キャンプファイヤーづくりも何度もやりました」

と、笑います。その作業をよく見ると、篤志さんは自ら作業の準備もしますが、途中から中学生や高校生にその仕事の指示を出して主役を譲るのです。そのタイミングと指示の出し方が絶妙で、子どもたちは働きながらこのキャンプの段取りを覚えていく仕組みになっています。

その姿を見つめながら、渡辺テューターはこう語ります。

「この合宿では、篤志さんだけでなく年齢が上の子のやっていることを下の子が真似て学んで、次の年には自分が主体的に仕事をこなしていくという循環があります。それは保護者も同じで、先輩保護者のやることを後輩の保護者が学んで身につけて、この合宿は成立してきました」

そうやって代々受け継がれたことが、渡辺パーティの「歴史」になっていきます。異年齢の世代継承は、子どもだけでなく保護者にも及んでいたのです。

「でも」と、テューターは続けます。

「残念ながらコロナの3年間は合宿ができなかったので、間が3年間空いてしまいました。例年に比べると、ラボっ子も保護者も何をどうしたらいいかわからずに指示待ちになっているように思えます」

コロナの影響は、こんなところにまで及んでいるのです。けれどまたこうして合宿が復活したことで、子どもたちは「憧れのお兄さんお姉さん、あるいはお父さんお母さん」の姿を間近に見られるようになりました。異年齢集団の世代継承は、また復活していくはずです。

・とれたての国際交流の報告が

BBQでの早めの夕食を済ませ、入浴後に大広間で開かれたのは、この年の国際交流の帰国報告会でした。

部屋の前面には、帰国したばかりの国際交流参加者6人が並びます。怜奈さんをのぞく5人は高校生。怜奈さんだけが中学生です。みな、模造紙に絵を描いたり写真を貼り付けたりして、楽しかった1カ月の生活を語ります。

その姿を最前列で食い入るように見つめているのは幼稚園児や小学生たち。いつか自分もこの交流活動に参加するのだと、目を輝かせてお兄さんお姉さんの報告を聞いています。

そこではこんな報告がありました。

「一番嬉しかったのは、ステイ先の地元の空港の管制塔に入れてもらえたことです。ぼくの夢は空港の管制官になることだと言ったら、ホストが連れていってくれました」

「日本食を食べてもらおうと、お好み焼きをつくったら不評でした。キャベツの入ったパンケーキみたいだと言われて。ホストはお好み焼きの中に入っていたベーコンだけを食べていました」

「私は味噌汁をつくったけれど好評でした。おかわりないの？　と言われたし。出汁入りでつくったら、とても美味しいと喜ばれました」

会場にいる保護者たちも、パーティのお兄さんお姉さんの発表を嬉しそうに聞いています。我が子が参加者の保護者からは、「こんなこと、家では言っていなかったわ」という声も聞かれます。

この日は怜奈さんのお母さんも参加していました。帰国後の怜奈さんの様子を聞くと、「怜奈は帰国してから毎日、食事の時には必ずホームステイの話を始めます。毎日何かしら思い出すことがあるのでしょう。だから私も、怜奈の帰国以降ずーっとホームステイの話に付き合わされて、現地のことにとても詳しくなりました」

と苦笑していました。

保護者から参加者に、「言葉のことはどうでしたか?」と質問が出ました。誰もが興味津々だったのでしょう。参加者は口々に、

「ホームステイ4日目くらいから単語がわかるようになってきました」

「ホストの言葉を聴き取るのは大変だろうなと覚悟していきましたが、意外と聴き取れました」

「後半は思ったより言葉が通じるようになって、一日中ずーっと笑っていました」

と語ります。4章でみたように、ホストとの間で「言語的共同作業」が行われて、コミュニケーションも良好だったようです。その報告を聞いて、小さな子の保護者も安心し

ている様子でした。

・歴代の参加者たち

10代の参加者の報告のあとは、渡辺パーティ合宿恒例の「OB・OG報告会」です。帰国報告会はどのパーティでも開かれますが、そこに20年前30年前のOB・OGがやってきて「体験報告」をする会はそうそうありません。

今回は特に、パーティのOBではない第3回の国際交流OBが特別参加していたことで、室内からは「ほぅ」と驚きの声が漏れたのです。彼は渡辺テューターに請われて、約半世紀前の体験をこう語りました。

——ホームステイ体験では忘れられないことが3つある。1つはホストブラザーが、牧場で飼っている約2000頭の牛の中から1頭をもらって大切に世話をしていたこと。毎日ブラッシングしたり特別な餌を与えたり夜は屋根のあるところにつれていって寝かせたり、本当に可愛がっていた。それが何故なのか？　聞いても語学力のなさから理解できなかった。2つ目は週末に高校生のお兄さんお姉さんたちと街に遊びに行ったときのこと。彼らは何を買う時でもポケットから細長い手帖をとり出してそこに値段と自分の名前を書いてピッと切り取ってレジに渡すとそれで何でも買えた。ぼくはなけなしのお小遣いでものを買ったり食べたりしていたのに、あの魔法の手帖はなんだろうと不思議だった。でもそのことを英語では質問できなかった。3つ目は、ホームステイの最後の週末に地域のお祭「カウンティーフェア」が開かれて、そこにホストブラザーが可愛がっている牛を連れて行ったこと。地域の子たちも飼っている牛や馬を連れてきて、楕円形のグラウンドで手綱を引いて一周する。すると紫や赤、黄色のリボンがもらえて帰りの車にはもうその牛の姿はなかった。その時――ずっとわからなかった3つの謎が一つに繋がった!!

つまりホストブラザーにとって、その牛はお小遣いの代わりだったんだ。1年間可愛がって育てて、フェアで高く売れると（紫のリボンがとれると）翌年のお小遣いになる。その代わり途中で死んでしまったら1年間お小遣いがなくなる。銀行にその預金があるうちは、あの手帖で何でも買える仕組みなんだ。

アメリカでは小学生でも何らかの形で自分でお小遣いを稼ぐ生き方をしている。日本ではただ勉強していればいいという生活なのに。同じ地球上で同じ年代の子どもでも、こんなに生き方が違うんだ――。

それを感じた1カ月だったことを、彼はこの体験を書いた帰国直後の作文を読みながら語りました。そしてここまで語ったあとで、さらにこう付け加えたのです。

「この作文を書いたのは14歳の時でしたが、その後忘れてしまって再び手元に作文が現れたのは、30歳になって実家の物置の整理をしていた時のことでした。その時久しぶりに読み返して驚きました。ここには夏の1カ月間、アメリカという異文化で体験した日本人とは違う生き方や生活習慣が書かれている。それを伝えるのはある意味でジャーナリスト的な活動です。つまり、ぼくは14歳にして、異文化体験を文章にして日本の仲間に伝えるジャーナリストだった。ならばこれからもジャーナリズムの道を進んでいいのだと、30歳にして14歳の少年に背中を押してもらった気がしたのです」

このOBは、27歳の時に独立してフリーランスの書き手となっていました。その生き方を30歳の時に再会した14歳の自分自身に「応援してもらった」気がしたと言うのです。つまりこの国際交流体験は、6章で多くのOB・OGも語ったように、帰国してすぐにその成果が出るものではありません。もちろん10代の感受性を発揮して現地でさまざまなものを感じてきますが、長い人生の中で何年も経ってからその体験の本質をじっくりと反芻して味わうものでもある——。

「そのためにも、帰国直後の感想をしっかりと文章にしておくことは大切です。あとから振り返る時に、この文章こそがその原点になるからです」

最後に彼がそう語ると、会場のラボっ子と保護者からは大きな拍手が沸き起こりました。

この日の参加者の10年後20年後の姿を、誰もが楽しみにしているのです。

こんなプログラムをこなしながら、合宿の夜はふけていきました。ラボっ子にも保護者にもOB・OGにも、印象深い一日になったはずです。

・未来の宝になる体験

さて最後に、1章で取材したこの年の参加者、小宮怜奈さんと河合智仁くんの帰国感想文を紹介しましょう。10代のこの体験が、将来の彼らの「背中を押す」エンジンとなるように。この国際交流参加者の、生涯に渡る財産となる感想文です。

「――アメリカに行く前の私は、あんなにちっぽけな世界しか知らなかったんだと気づいた。今の私なら、色んな人の立場で物事を考えられるようになったといえると思う。とくにイエローストーン（公園）に行ったときは、本当にあるんだな、こんな景色と思った。世界中の色んなところの景色の写真は見たことがあったけど、きちんと自分事としてとらえられていないところがあった。でも実際に大自然の中に立つと、本当に世界って広いんだと自分の中で納得することができた。（中略）アメリカから帰ってきて、一歩成長した自分になったと胸をはっていえる最高の夏になったと思う」

（小宮怜奈、中2、モンタナ州、渡辺パーティ）

「――アメリカではどうしたって挑戦してみなければいけなかった。まず、間違っているかもしれない英語を使わなければいけないし、意外とスマホゲームやYouTubeをよく見るホスト達に『遊ぼうよ』と声をかけてみなければならないし、『はい』、『いいえ』の自己主張が不可欠だった。怖かった。（中略）『自分はなんて小さいんだ』と思った。間違っても、上手くいかなくても、ちゃんと受け入れてくれる。『失敗は恐れる事じゃない』。その事を肌で感じる事ができて本当によかった。僕はこの夏、少し自分を変える事ができた。とても楽しくて、最高の1カ月でした」（河内智仁、中3、ユタ州、岩坂パーティ）

この夏にひとりきりの異文化体験にチャレンジした全ての怜奈さんと智仁くんが、それぞれの貴重な経験をもとに、「少し変化した自分」を感じていることでしょう。その変化した自分が、将来自分をどこに連れて行ってくれるのか。それはまだ誰にもわかりません。けれど何年もしてからいつかこの旅を振り返った時、「あの時少し変わった自分」に再び気づき、それを原点として着実に歩んできた自分の轍を振り返るはずです。

この半世紀の間にこの旅を体験した全ての怜奈さんと智仁くんがそうであるように。

そして渡辺パーティの合宿にゲスト参加した半世紀前のOB、つまり私自身がそうであったように。

10代の異文化の旅は、一生の宝物として、あなたの人生を支えてくれるはずです。

本書の最後に、時代の要請を受けてさまざまな試行錯誤を経てこの旅を生み出し、半世紀の間繰り返し繰り返し10代を異文化に送り出し続けているラボ教育センターと、一般財団法人ラボ国際交流センター、及びその関係者に、改めて深く感謝いたします。ありがとうございます。

10代の旅は、今日も続いています。

2024年初夏

神山典士

神山典士（こうやまのりお）

ノンフィクション作家。1960年埼玉県生まれ、信州大学人文学部卒業。小学5年生よりラボ・パーティ入会、三多摩ティーンズクラブ創設。96年「ライオンの夢　コンデ・コマ＝前田光世伝」にてデビュー。第三回小学館ノンフィクション大賞優秀賞受賞。2012年「ピアノはともだち　奇跡のピアニスト辻井伸行の秘密」が青少年読書感想文全国コンクール課題図書に選定される。14年「佐村河内事件」報道により、第45回大宅壮一ノンフィクション賞（雑誌部門）、第21回雑誌ジャーナリズム大賞受賞。93年「ひとりだちへの旅」、2000年「北京　もうひとつの家族」をラボ教育センターより出版。主な著書に「海渡る北斎」（冨山房インターナショナル）、「『我がまち』からの地方創生：分散型社会の生き方改革」（石破茂との共著・平凡社）、「知られざる北斎」（幻冬舎）、「不敗の格闘王　前田光世伝」（祥伝社黄金文庫）、「伝説の総料理長サリー・ワイル物語」（草思社文庫）、「トカイナカに生きる」（文春新書）など多数。こうやまのりお名義で児童書も執筆。「ピアノはともだち　奇跡のピアニスト辻井伸行の秘密」（講談社青い鳥文庫）、「ヒット商品研究所へようこそ」、「めざせ！　給食甲子園」（講談社）等。首都圏各地で小学生を対象に作文教室を主宰。朝日カルチャーセンター新宿教室でエッセイ教室を主宰。

連絡先/ 株式会社バザール
〒170-0011　豊島区池袋本町4-47-12-1603
080-3252-7449　mhd03414@nifty.com

ラボっ子　旅に出る。
―異文化をめぐる50年、そしていま

神山典士　著

二〇二四年六月三十日　第一刷発行

発行者　坂本喜杏
発行所　㈱冨山房インターナショナル
東京都千代田区神田神保町一-三　〒一〇一-〇〇五一
電話〇三（三二九一）二五七八
URL. https://www.fuzambo-intl.com

印刷　㈱冨山房インターナショナル
製本　加藤製本株式会社

ISBN 978-4-86600-125-8